吹奏楽部バンザイ!!

コロナに負けない

オザワ部長 著

ポプラ社

Contents 目次

まえがき　コロナに立ち向かった吹《すい》奏《そう》楽《がく》部《ぶ》員《いん》たちの物語

部活動の中でも特に熱いことで知られている高校の吹奏楽部。青春をかけて大好きな音楽に没頭《ぼっとう》していた部員たちを突如《とつじょ》襲《おそ》ったのは、世界中をパニックに陥《おとしい》れた新型コロナウイルスでした。約3カ月にも及《およ》ぶ臨時休校、コンクール・コンテスト・演奏会の中止など、吹奏楽部は自分たちの音楽を外部に届ける機会を失いました。練習にも大きな制限がかかり、「吹奏楽部の日常」が大きく揺《ゆ》らいだのです。

大人たちですら、どう判断し、行動するべきか迷うような状況《じょうきょう》の中、吹奏楽部員たちはもがき苦しみながらもそれぞれがひと筋の希望の光を見出して、前へと進み続けました。世界的に人気のマーチングバンド、全国大会常連の強豪校《きょうごうこう》、エーストランペッターを擁《よう》する女子校、東北のたった12人の小編成バンド、復活を目指した名門校……。コロナに立ち向かい、輝《かがや》きを放った5つの吹奏楽部の「汗《あせ》と涙《なみだ》と音楽」の青春ストーリーをお送りします。

吹奏楽作家・オザワ部長

Chapter 1

第一章

オレンジの悪魔《あくま》VSコロナ

世界的に有名なマーチングバンドの奮闘記《ふんとうき》

京都橘高等学校吹奏楽部

Kyoto Tachibana High School

京《きょう》都《と》橘《たちばな》高《こう》等《とう》学《がっ》校《こう》吹《すい》奏《そう》楽《がく》部《ぶ》

所在地：京都府京都市
設立年：1961年

吹奏楽部紹介　High school band

世界的に有名なマーチングの名門

　京都橘高等学校は、京都府京都市伏見区に位置する共学の私立校。1902年に女子校として創立され、2000年より共学化。サッカー部、女子バレーボール部、陸上部が強豪として知られる。吹奏楽部は1961年に創部され、全日本マーチングコンテスト等の全国大会に多数出場。「オレンジの悪魔」の愛称で多くのファンに愛され、アメリカの大イベント「ローズ・パレード」にも2回出場。現在の顧問は2018年に就任した、トランペットでドイツ留学経験がある兼城裕《かねしろゆたか》先生。

登場人物紹介　Character

のここ Nokoko
2020年度吹奏楽部部長
パーカッション担当

みラレ Mirare
2020年度吹奏楽部副部長
テナーサックス担当

バリー Barry
2020年度吹奏楽部
副部長
チューバ/スーザフォン担当

すーち Suchi
2021年度吹奏楽部
部長
チューバ/スーザフォン担当

最《さい》高《こう》峰《ほう》の「緑の床《ゆか》」を目指して

「そこ、ステップが全然そろってへんで！　もっとちゃんとやらなあかんやろ！」のここが厳しい口調で指摘《してき》すると、部員たちが「はい！」と大きな声で答える。

「もう1回！」のここが言うと、部員たちは重い表情でそれぞれが元いたポジションに戻《もど》り、再び楽器を構えた。両脚《りょうあし》を巧《たく》みに動かしてステップを踏《ふ》みながら演奏する部員たちを、前に立ったのここは鋭《するど》い目つきで見つめる。

京都の冬は寒い。空気が凍《い》てついた体育館の中に楽器の音、シューズが床を擦《こす》るキュッキュッという音が響《ひび》いた。

のここはちっとも寒くなかった。心の中に熱く燃えるものがあったからだ。

2020年1月、のここは新部長としてみんなのマーチングに目を光らせ、よくないところをビシビシ指摘した。

「のここ」というのは本名ではない。吹奏楽《すいそうがく》の一ジャンルで、行進やパフォーマンスをしながら演奏する「マーチング」。その世界では知らぬ者がいないほどの名門が京都橘高校吹奏楽部《きょうとたちばなこうこうすいそうがくぶ》だ。そこでは、入部するとすべての部員にあだ名が与《あた》えられるのが伝統になっている。中村菜花《なかむらなのか》は京都橘で「のここ」と呼ばれるようになってもうすぐ3年目を迎《むか》えようとしていた。最初はあだ名に違和感《いわかん》があったが、いまでは本名以上に自分らしさを感じられるようになっていた。

「脚《あし》が全然上がってへんやん。そんなんで橘のマーチングって言える?」

のここは、楽器を吹《ふ》きながら演技する部員たちに厳しい言葉を投げかけた。

(代替《だいが》わりしたばっかりやのに、ちょっときついこと言い過ぎやろか……)

ふとそんな考えがのここの頭をよぎった。

「言い方が厳しすぎる」とか「マーチングコンテストは8カ月も先なのに、気合い入れるの早すぎちゃう?」とか思っている部員もいることだろう。「のここ、気に食わん」と腹を立てている者もいるかもしれない。

(それでええんや。橘がレベルアップできるなら、うちが嫌《きら》われ役になるのも、孤《こ》立《りつ》するのも、全然かまへん。仲良しこよしで楽しく部活をしたり、みんなから好かれたり、リスペクトされたり……そんなことをすべて犠牲《ぎせい》にしたって行きたい場所

があるんや)

その日の練習の最後に、のここは部員たちに向かってこう言った。

「体しんどいかもしれへんけど、できないとこがあるんやったら、家帰ってからでも練習してな。全国大会に行くためには、少しの時間も無駄《むだ》にできひんで!」

「はい!」

返事の声は大きかったが、明らかに不満げな表情をした部員もいた。

(これからや。いまはまだ気持ちがバラバラでも、いつかみんながひとつになって全国大会に向けて突《つ》っ走るんや)

★京都府大会、★関西大会を突破《とっぱ》した先にある全国大会が全日本マーチングコンテストだ。会場の★大阪城ホールは「マーチングの聖地」と呼ばれ、グリーンのシートが敷《し》き詰《つ》められた「緑の床」はマーチングに取り組む全国の中高生のあこがれの場所だ。そこで演奏・演技をするために、どの団体も厳しい練習を積み重ねている。

9月に行われる京都府大会まではまだ8カ月ある。年末の定期演奏会で3年生が引退し、代替わりしたばかりだ。4月になって新入生が入ってこないとできないこともある。新しい★コンテができるのもまだ先だ。

★京都府大会
正式には「京都府マーチングコンテスト」。

★関西大会
正式には「関西マーチングコンテスト」。

★大阪城ホール
大阪府大阪市中央区にある多目的ホール。近年、全日本マーチングコンテストの会場として使用されている。国内外の大物アーティストのコンサート、スポーツイベント、格闘技《かくとうぎ》イベントなどの会場にもなっている。

★コンテ
マーチングで各メンバーの動き方を記したシート。英語の「continuity」の略。

しかし、のんびりはしていられない。のここたちの代にとっては、全国大会出場へのラストチャンスの年なのだ。

（うちら117★期の3年生にとっては、三度目の正直や。次こそ全国大会に出ような。「緑の床」で《シング・シング・シング》★をやろうな）

帰り支度をする部員たちを見ながら、のここは心の中でそう語りかけた。

京都府京都市の南部、桃山御陵《ももやまごりょう》の小高い丘《おか》にある京都橘高校。

約100人の部員たちが楽器を演奏しながら激しいダンスを交えたマーチングを披露《ひろう》する吹奏楽部は、トレードマークのオレンジ色の衣装から「オレンジの悪魔《あくま》」という愛称《あいしょう》で知られている。そして、もっとも得意としているのが、スウィングジャズの名曲《シング・シング・シング》を演奏しながらのパフォーマンスだ。

40年以上続いている伝統の衣装は「オレンジ」と呼ばれている。ジャンプをするたびに左肩《ひだりかた》に掛《か》けたマントが弾《はず》み、体を回転させるとミニスカートがふわりと浮《う》き上がる。楽器からは会場中に響き渡《わた》るようなパワフルな音が飛び出し、打楽器や低音楽器が刻むビートに乗せて「悪魔」たちがフロアの上を舞《ま》う。ポニーテールの髪《かみ》

★**117期**

京都橘高校吹奏楽部の場合、学校創立時を1期として、その代を表す呼称《こしょう》としている。のここたちは学校創立以来117番目の代ということになる。

★**《シング・シング・シング》**

「キング・オブ・ザ・スウィンガーズ」と称《しょう》されたルイ・プリマが作曲したスウィングジャズのスタンダード曲。ルイ・プリマはアメリカ人で、作曲以外にトランペット奏者、ボーカリストとしても活躍《かつやく》。

● 京都橘の代名詞といえば、オレンジ色の衣装と《シング・シング・シング》

● スーザフォンなど大型楽器の奏者もダイナミックかつ華麗なステップを披露

が揺《ゆ》れ、素脚が目まぐるしく動く。あたかも生命力そのもののように、音と動きが渾然一体《こんぜんいったい》となり、強烈《きょうれつ》なエネルギーを周囲に拡散する。

激しく動きながらも、全員がぴたりとシンクロしているのが京都橘のすごさだ。溌剌《はつらつ》とした演奏とパフォーマンス、笑顔によって、見る者の心を一瞬《いっしゅん》にして鷲《わし》づかみにし、虜《とりこ》にしてしまう。

「悪魔」級の魅力を持つ吹奏楽部。まさに、「オレンジの悪魔」だった。

京都橘はマーチングの国内最高峰《さいこうほう》の大会、全日本マーチングコンテストで活躍《かつやく》するだけでなく、テレビ番組にも取り上げられ、動画共有サイトで公開されているマーチング動画には世界中から称賛《しょうさん》のコメントが寄せられる超人気《ちょうにんき》バンドになった。

ところが、2015年を最後に全日本マーチングコンテストからは遠ざかっていた。全国大会の出場権は関西大会の上位3校だけに与えられるが、マーチングが盛んで強豪校《きょうごうこう》がひしめき合っている関西支部★の中で苦杯《くはい》を嘗《な》め続けてきた。

のここも高1、高2で京都橘のマーチングメンバーとして関西大会に出場し、代表入りを逃《のが》すという悔《くや》しさを味わった。

だからこそ、高校生活最後のコンテストに向けて特別に気合いが入っていたのだ。

★関西支部
吹奏楽連盟が主催《しゅさい》する大会（吹奏楽コンクール、マーチングコンテスト、アンサンブルコンテスト等）は、北海道・東北・東関東・西関東・東京・北陸・東海・関西・中国・四国・九州の11支部に分かれて行われ、全国大会に出場する代表校を選ぶ。関西支部は京都府・大阪府・滋賀県・奈良県・兵庫県・和歌山県の2府4県で構成されている。

夜明け前に見上げた星空

「う〜、寒っ！」

朝6時半。のここが駅を出ると、あたりはまだ真っ暗だった。

1月の京都は格別に寒い。電車の中でのここはずっとうとうとしていたが、キンと冷えた早朝の空気に嫌《いや》でも目が覚めた。暗闇《くらやみ》の中でも、息の白さがはっきり見えた。昨日の練習の疲《つか》れが残っていて、少し脚が重い。

のここが肩から下げた四角いエナメルバッグには、白地にオレンジ色で「TACHIBANA《タチバナ》 S・H・S《シニアハイスクール》 BAND《バンド》」と書かれている。電車の中でも、通学路でも、多くの人がそのバッグに注目する。のここはちょっと有名人になったような気がして嬉《うれ》しかった。

(でも、橘の名前と人気にあぐらをかいてたらあかんな。高校生活最後の今年は、何がなんでも全国大会に行かな)

ヘッドライトをつけた車が行き交っている道を進んでいくと、やがて学校の門にたどり着いた。午前7時の開門まではまだ時間があったが、すでにいくつかの人影《ひとかげ》があった。エナメルバッグを下げた吹奏楽部員たちだ。門が開くより前に集まるのは、吹奏楽部の朝の伝統だった。

「おはよ！」

「あ、のここ、おはよ！」

仲間たちと挨拶《あいさつ》を交わす。後からも次々に部員がやってきて、門の前にたまっていった。

(この朝の早さが橘やな)

のここはそう思い、空を見上げた。

（いつ見ても、きれいやなぁ）

東の空から朝が白くにじみ始めてはいたが、まだいくつもの星が輝《かがや》いているのがはっきり見えた。京都橘高校に入学し、吹奏楽部に入ってから、何度この早朝の星を眺《なが》めてきたことだろう。

どれだけ疲れていても毎日布団から這《は》い出し、夜明け前に学校へやってくるのは、吹奏楽やマーチング、仲間と練習に打ち込《こ》む時間が好きだからだ。そして、中学時代から目指してきた全日本マーチングコンテストに今年こそ出場するためだ。きっと部員たちはみんな同じ思いを持っていることだろう。

門の前にいる部員たちは明るい声と笑顔でおしゃべりに興じている。ときどき声が大きくなりすぎ、のここが「静かに」と注意するほどだ。

(昨日あんなにハードに練習したのに、みんな朝っぱらから元気やな)

のここは思った。その元気さが頼《たの》もしかった。

やがて門が開き、吹奏楽部員たちは校舎へと続く坂道を登っていった。

校舎の玄関前《げんかんまえ》の植え込みには、濃《こ》い緑の葉をつけた背の低い木が立っていた。校名の由来ともなっている橘★の木だ。

「かわいい実やな」と誰《だれ》かが言った。

のここが目を向けると、ミニサイズのミカンのようなオレンジ色の果実がなっていた。橘の実。マーチングの衣装は通称《つうしょう》「オレンジ」と呼ばれているが、そのもとになっているのは橘の実の色だ。

「1個取って食べてみよか?」という声が聞こえた。

「こら、ドロボウはあかんで!」と笑いながらのここが言った。

★橘
ミカン科ミカン属の常緑小高木で、日本固有の柑橘類《かんきつるい》。「ヤマトタチバナ」「ニッポンタチバナ」とも呼ばれる。

「はーい、部長。わかってまーす！」

「実際、酸っぱすぎて食べられへんらしいで。ほら、急いで練習開始や」

のここは部員たちをうながしながら、校舎の3階へ上がっていった。そこには吹奏楽部の練習場所となっている音楽室ゾーンがある。

部員たちは慌《あわ》ただしくエナメルバッグを置いて楽器を取り出し、個々に音出しを始める。あっという間に音楽室ゾーンは多種多様な楽器の音の洪水《こうずい》になる。遅《おく》れてやってきた部員たちも急いで準備に取り掛かる。

のここは部員たちとすれ違《ちが》うたびに声をかけた。

「おはよ！　今日もがんばろな！」

その声はのここ自身にも響いていた。

(がんばろな、自分！　今年は燃え尽《つ》きるまでやったるで！)

1時間ちょっとの朝練を全力でこなす。その後、のここは大急ぎで片付けをして教室に向かった。早朝に起きて朝練をした後の授業はきつい。猛烈《もうれつ》な眠気《ねむけ》に襲《おそ》われることも多い。しかし、のここは決して授業中に居眠《いねむ》りをすることはなかった。

部活が大変だからという理由で「吹奏楽部員＝授業をおろそかにする、成績が悪い生徒」と思われたくはない。それはのここの意地であり、プライドだった。そして実際、のここの成績はクラストップだった。

「自分に厳しく、結果も出していないと、みんなに厳しいことは言えない」

のここは入部してからずっとそう考えてきたし、部長になってなおさら気を引き締《し》めていた。

昼休みには急いでお弁当を食べ、音楽室ゾーンで自主練。放課後は午後7時までみっちり部活動に取り組む。エナメルバッグを肩にかけて校舎を出るころには、登校したときと同じように空には星が輝いている。家に帰ってからも、ステップの練習をしたり、★譜読《ふよ》みをしたりする。そして、翌日の朝練のために布団に入る。

のここの1日は完全に吹奏楽部を中心に回っていた。

だが、のここも部員たちも、まだ知らなかった。人類史上誰も経験したことがない未知のウイルスが、自分たちの前に立ちはだかろうとしていることを――。

★ **譜読み**
楽譜《がくふ》を読み込むこと。

「元気いっぱい、笑顔いっぱい、夢いっぱい」

京都市内で生まれ育ったのここは中学校の吹奏楽部に入り、マーチングに出会った。担当は★打楽器《パーカッション》だった。楽器を演奏するだけでなく、全員が隊列をきれいに整えたまま行進したり、体をクルッとターンさせたり、ぶつからないようにすれ違ったり、その場で足踏《あしぶ》みをしたり、隊列によって文字や図形を描《えが》き出したり……といった様々な演技を行うマーチングにのここは魅了《みりょう》された。

その中学校は全日本マーチングコンテストを目指していたが、のここの在学中に一度も目標は達成できなかった。

そんなときに知ったのが「オレンジの悪魔」こと京都橘高校吹奏楽部だ。

自分たちはオーソドックスなマーチングをするだけでも大変だったのに、京都橘は笑顔のまま凄《すさ》まじいステップやダンスを繰《く》り広げる。ターンするときにはマントやミニスカートがヒラッと揺れ、動きながら演奏しているとは思えない一体感のある音楽を響かせる。特に、《シング・シング・シング》には熱狂《ねっきょう》を覚えた。

★打楽器

基本的に、叩《たた》いて音を出す楽器群のこと。吹奏楽における打楽器パートは、スネアドラム（小太鼓《だいこ》）・バスドラム（大太鼓）・ティンパニなどの太鼓類、シンバル類、シロフォン・ビブラフォン・マリンバなどの鍵盤《けんばん》打楽器、トライアングル・アゴゴベル・ビブラスラップなどの小物楽器と多彩《たさい》な楽器を扱《あつか》う。

「橘や。うちは橘に入って、燃え尽きよう！」

大学はどこに行きたいとか、大人になったら何になりたいとかはまったく考えていなかった。ただただ、高校の3年間をマーチングに捧《ささ》げる。「オレンジの悪魔」の一員として全日本マーチングコンテストに出場する。そして、燃え尽きる！

そんな高校生活を送ろうとのここは心に決めた。

2018年4月、のここは117期の部員として京都橘高校吹奏楽部に入部した。

まず、1年生には先輩《せんぱい》たちからあだ名が与えられた。お互《たが》いに親しみを持って呼び合うためのものであり、「自分は京都橘の吹奏楽部員だ」という自覚やアイデンティティを持つこともできるのが京都橘のあだ名だった。

中村菜花はこのとき「のここ」になった。

同じ117期は22人。その中には、のちにのこことともに総務（部活の★幹部）を務めることになる★テナーサックス担当の山東妃菜子《さんとうひなこ》、同期で唯一《ゆいいつ》の男子である★チューバ担当の森泰誠《もりたいせい》もいた。妃菜子《ひなこ》のあだ名は「みラレ」、泰誠《たいせい》は「バりー」だ。

あだ名をもらって「オレンジの悪魔」の一員になれた喜びもつかの間、すぐに1

★幹部
部長・副部長など、顧問《こもん》の下で部活動の運営をするリーダー集団。学校によって構成メンバーは違う。京都橘のように「総務」という別の呼び方をする学校もある。

★テナーサックス
木管楽器のサクソフォン（サックス）の一種で、中音域を担当する。

★チューバ
金管楽器の一種で、低音を担当する。管楽器の中では大きさ、重さともにトップクラスを誇《ほこ》る。

年生たちは京都橘スタイルのマーチングを身につける練習を開始する。京都橘の武器である激しく華麗《かれい》な脚の動きを先輩から学ぶのだ。

京都橘にあこがれて入ってきた1年生であっても、体力に自信があるわけではない。実際に先輩から指導を受けてみると、すぐにその厳しさを思い知らされた。

マーチングではその場で動かずに足踏《あしぶ》みをすることを「マークタイム」と呼び、膝《ひざ》が90度に曲がるまで脚を高く上げることは「ハイマークタイム」という。

「ハイマークタイムやるよー!」

先輩の掛け声とともに、のこたち1年生はテンポに合わせて左右の膝を交互《こうご》に高く上げる。と、途中《とちゅう》で先輩から「キープ!」という声が飛ぶ。1年生は片足を高く上げたまま静止しなければならない。ハイマークタイムだけでもきついのに、キープするのは地獄《じごく》だ。脚の筋肉が震《ふる》え、太腿《ふともも》がつりそうになり、よろけてしまう。

「うちらも最初はできひんかったけど、こんな感じにできるようになるから」

そう言って先輩が見せてくれたキープは、ピタッと美しく静止していた。

(これができんかったら、《シング・シング・シング》もできひんねんな……)

のここは「オレンジの悪魔」の裏側の過酷《かこく》さを初めて知った。

練習を続けてキープが安定してくると、今度は先輩から「5分間キープ！」の声が飛んだ。片脚を高く上げたままの5分間は1時間にも2時間にも感じられるほど長かった。全身に脂汗《あぶらあせ》がにじみ出し、筋肉が悲鳴を上げた。

ある日、練習が終わった後で、みラレがのここに声をかけてきた。

「お疲れ。今日もきつかったなぁ」

「ほんま、きっついわ」とのここは苦笑した。

「いままでうちらが見てた橘って、氷山の一角みたいなものだったんやな」

「そうやな。こんなきついことを楽々できるからこそ、本番でバシッとステップ決めて輝けるんかもしれへんね」

吹奏楽部のモットーは「元気いっぱい、笑顔いっぱい、夢いっぱい」だ。しかし、厳しい練習の日々を送る自分たち1年生は「元気」も「笑顔」もなくしかけていた。

（あかんあかん。絶対負けへん。先輩と同じくらい動けるようになって、「元気いっぱい、笑顔いっぱい、夢いっぱい」で輝いたる！）

のここはそう自分を鼓舞《こぶ》した。そして、学校から自宅に帰った後も、家の前の真っ暗な道でひとりハイマークタイムの練習を続けた。

先輩が1年生を厳しく指導するのには理由があった。

例年6月下旬《げじゅん》に関西地区で開催《かいさい》され、約3000人を超《こ》える吹奏楽部員が参加する「3000人の吹奏楽」という大規模イベントに京都橘も参加し、部員全員で《シング・シング・シング》など数曲を披露することになっていたのだ。

人気バンドである京都橘はただでさえ注目度が高いため、中途半端《ちゅうとはんぱ》な演技やミスは許されない。観客にとっては誰が1年生かわからないし、ミスは京都橘全体のミスという印象を与えてしまう。それに、誰かがミスすると周囲の動きにも確実に影響《えいきょう》を与えてしまい、最悪の場合は大怪我《おおけが》にもつながりかねない。

だから、先輩は厳しかったのだ。

のここたち1年生はその指導に食らいついていき、「3000人の吹奏楽」までには《シング・シング・シング》がひと通りできるまでに成長していた。

本番当日、京都橘の部員たちは会場である京セラドーム大阪★に入っていった。1年生がオレンジの衣装で本番に臨むのはこの日が初めてだった。

「スカートみじかっ！」

あこがれていたオレンジの衣装だが、のここは身につけてみて驚《おどろ》いた。黒いソッ

★京セラドーム大阪
大阪府大阪市西区にあるドーム型スタジアム。プロ野球のオリックス・バファローズの本拠地《ほんきょち》。

クスとスカートの間がスースーする。でも、この衣装を着て人前に立てるということが嬉しかった。ようやく「オレンジの悪魔」になれるのだ。自然と背筋が伸《の》びた。

出番に向けて待機しているとき、バリーと目が合った。バリーは座奏★ではチューバだが、マーチングではスーザフォンを吹く。チューバと同じ低音を担当する大型で重い金管楽器だが、肩に担いで演奏できるようになっている。大きなベルがバリーの頭上にあり、そこには「TACHIBANA《タチバナ》」と書かれていた。

同期で唯一の男子であるバリーは、スカートではなく、黒のパンツをはいていた。のここはスカートを見せつけるように裾《すそ》を軽くつまんだ。

「ふふふ、この衣装、ええやろ」

のここが言うと、バリーは表情も変えずにこう言った。

「まあな。でも、黒のパンツのほうがステップがよく見えるし、逆に少数派の男子のほうが目立つんやで。陰《かげ》の主役は僕《ぼく》らや」

「いや、『オレンジの悪魔』って言うたらこのスカートや」とのここは軽口を叩《たた》いた。

二人とも初めての本番を目前に控《ひか》えて緊張《きんちょう》していた。そして、それを少しでも和らげるようにわざと冗談《じょうだん》めかしたやりとりをした。

★座奏
座って演奏することで、通常の吹奏楽の演奏スタイルを指す。立って演奏することは「立奏」と呼ぶ。

「なあ、バリー。スーザって重くないん？」とのここは尋《たず》ねた。

「めっちゃ重いで」

「普通《ふつう》、マーチングでスーザってそんな激しく動かへんやろ？」

「うん。でも、僕は他の楽器と同じようにダンスやステップがしたかったから橘に来たんや。そやから、重くても平気や」

「ふーん、そうなんか……」

のここは全日本マーチングコンテストへ行くために京都橘にやってきた。ほかの21人の1年生も様々な夢や希望を抱《いだ》いて集まってきているのだろう。ただ、「オレンジの悪魔」として輝きたい、という思いはみんな同じだ。

「うちら117期のデビューや。バシッと決めような」とのここは言った。

「うん」とバリーは短く答えた。

やがて出番がやってきた。京都橘高校吹奏楽部の部員たちは、広々とした京セラドーム大阪のグラウンドに飛び出し、大きく広がった。

スタンドにいる多くの観客の視線が自分たちに集中するのを感じ、のここはテンションが高まるのを感じた。

★ドラムメジャー
マーチングの指揮者のこと。通常の指揮者のように指揮をするほか、声やホイッスルでテンポを示したり、隊列を先導したり、ソロで演技をしたりすることもある。

★《おはロック》
《慎吾《しんご》ママのおはロック》はSMAP（当時）の香取慎《かとりしん》

「めっちゃ気持ちいい！」

のここの瞳《ひとみ》がきらめいた。

前に立ったドラムメジャー★の吹くホイッスルの音を合図に、演奏が始まった。まずは《おはロック》★《ファイヤーボール》★《ザ・ローズ》★と3曲を披露。そして、ラストの4曲目がお家芸の《シング・シング・シング》だった。

のここはピット★でボンゴ★という太鼓《たいこ》を叩いた。《シング・シング・シング》の序奏が始まると、スタンドから手拍子《てびょうし》が沸《わ》き起こった。

（やっぱり橘は人気やな！）とのここは思った。

ステップを踏んでボンゴを叩きながら同期の姿を見守った。みんな、入部したころとは見違えるほど上手になっている。しかし、細かい動きは先輩たちにはかなわないし、前の3曲で体力を持っていかれたのか、疲れも見えていた。テナーサックスのみラレはちょうど中央のあたりにいたが、体が重そうだった。

（みラレも、みんなも、最後までがんばれ！）とのここは心の中でエールを送った。

曲の終盤《しゅうばん》で、ピットの近くでスーザフォンのバリーがクルッと振《ふ》り返る部分があった。のここはアイコンタクトをしようとじっとバリーを見つめたが、バリーは

吾《ご》が「慎吾ママ」というキャラクターの名義で2000年にリリースし、大ヒットした曲。

★《ファイヤーボール》
アメリカの歌手・ラッパーのピットブルが2014年にリリースしたアルバム「グローバリゼーション」に収録されている曲。

★《ザ・ローズ》
アメリカの歌手、ベット・ミドラーが1980年に大ヒットさせたポップソング。

★ピット
打楽器を固定して演奏するための、マーチングのエリア外のスペース。この位置で演奏される打楽器を「ピット楽器」と呼ぶ。

★ボンゴ
口径が違う小型の太鼓を2つつなぎ合わせた打楽器。

視線を逸《そ》らしたまままた前を向いてしまった。

(なんや、シャイなやつやな。目ぐらい合わしてや)

のここは含み笑いしながらそう思った。

最後に全員が「ヘイ!」と言いながらポーズを決め、ドラムメジャーがお辞儀《じぎ》をして京都橘の出番は終わった。

大きな拍手《はくしゅ》を浴びながら、全員が駆《か》け足でグラウンドを後にした。

会場の外で顔を合わせたみラレは、まるでフルマラソンでも走ってきたかのようにゼエゼエと息を荒《あら》らげていた。

「お疲れ。うちらのデビューはまずまずやったな」とのここは声をかけた。

「やっぱりお客さんの前で演奏するのは最高やわ」

息苦しそうにしながらみラレは言った。

「いままできつい練習に耐《た》えてきたのが報われた感じするね」

「でも、私、ミスしまくりやった。最後のほう、楽器吹く力もなかったわ……」

みラレはそう言うと、腰《こし》に手を当てて大きく息を吐《は》いた。

見ると、バリーもスーザフォンの重さがこたえたのか、左肩を手でさすりながら顔をしかめていた。

「みラレ、見てみ。先輩たちのほうはまだ余裕《よゆう》ありそうやで」とのここは言った。

疲労困憊《ひろうこんぱい》の1年生とは対照的に、2、3年生は楽しそうに談笑していた。

「さすがやな」とみラレは言った。

「でも、あの先輩たちでも全国大会には行かれへんかったんやんな」

のここは現実の厳しさを痛感した。自分たちはあとどれくらいの努力をしたらいいのだろう。どれだけの練習を重ねたら「緑の床」に立つことができるのだろう。

それは途方《とほう》もなく遠い道のりのように感じられた。

「うちら、がんばろな」とみラレが言った。

「うん。全国大会行こ、絶対」とのここは答えた。


実は、のここたち117期が入部したとき、京都橘高校吹奏楽部には大きな変化があった。長く指導していた顧問《こもん》の先生が退職し、新たに府立高校から移ってきた兼城裕《かねしろゆたか》先生が顧問に就任したのだ。

兼城先生は「マーチングでも音楽性が大切だ」と考えており、しばらく全国大会から遠ざかっている京都橘の音楽面の底上げを始めた。普段《ふだん》はとても優しい先生で、部員たちの意見にもよく耳を傾《かたむ》けてくれた。

(兼城先生なら、橘のマーチングをレベルアップさせてくれるかも)

のここは密かにそう期待していた。兼城先生とともに117期から京都橘の新時代が始まるようでワクワクした。

2018年、のここは高1で約100人の部員の中からマーチングコンテストに出場する81★人のメンバーの一人に選ばれた。9月中旬《ちゅうじゅん》の京都府大会を突破し、「絶対に大阪城ホールの『緑の床』で《シング・シング・シング》をやったる!」と意気込んでいたが、9月下旬の関西大会では代表校に選ばれることができなかった。

2019年、のここは高2でもメンバーに選ばれた。兼城先生による音楽面の強化も効果が現れてきていたが、この年も関西大会で他の強豪校に夢を打ち砕《くだ》かれた。

「橘の部員として全日本マーチングコンテストに挑戦《ちょうせん》できるのは、あと1回だけ。どうやったら『緑の床』を踏めるんやろか……」

思い悩《なや》むのここのもとに、思いがけない知らせが飛び込んできた。出身中学校が

★81人
吹奏楽連盟が主催するマーチングコンテストでは、出場可能人数が80人+ドラムメジャー一人の合計81人と規定されている。

全日本マーチングコンテスト・中学校の部への初出場を決めたというのだ。

のここはすぐに母校の顧問に頼み込んだ。

「来年、絶対に橘が全国大会に行くので、そのときのために大阪城ホールを見ておきたいんです。お願いします、私を同行させてください！」

のここの望みは聞き入れられた。

全日本マーチングコンテストでは、前日に全出場校が大阪城ホールで「場当たり」と呼ばれるリハーサルをすることになっている。のここは中学生たちの場当たりにお手伝いの一人として同行し、夢にまで見た「緑の床」を初めて踏みしめた。

巨大《きょだい》な体育館を思わせる広々とした大阪城ホールのフロアには、緑色のマットが敷き詰められていた。

「ここがずっとあこがれ続けてきた場所……。マーチングの聖地なんやな」

のここは大阪城ホールを見回した。マーチングやスポーツの大会だけでなく、アーティストのライブにも使われる場所。楕円形《だえんけい》の天井やぐるっと360度を取り囲む客席、上からふんわり注いでくる照明には、まさに「聖地」の威厳《いげん》があった。

「ほんまやったら、橘のみんなと一緒《いっしょ》に踏むはずやったのに……。一足先に私だけ来てもうたなぁ」

フロアでは中学生たちが真剣《しんけん》な表情でマーチングをしていた。

ふと、そこにオレンジの衣装を着た部員たちの様子が幻《まぼろし》のように浮かんできた。

聖地に立つ「オレンジの悪魔」だ。ドラムメジャーを先頭に、演奏しながらフロアの外周を行進し、180度ターンやマークタイムを披露する。それだけでも観客の目は釘付《くぎづ》けになる。そして、《シング・シング・シング》だ。迫力《はくりょく》のある演奏とともに激しいステップを繰り出し、マントとスカートが翻《ひるがえ》る。最後に「ヘイ！」と叫《さけ》んで決めポーズを作ると、360度から喝采《かっさい》が沸き起こる――。

幻から覚めたとき、のここの心は燃え上がっていた。

「来年は絶対ここに来て、みんなで《シング・シング・シング》をやるで！　そのためになら、うちはすべてを犠牲にしたってかまわへん！」

のここはそう決意を固めた。

12月23日の定期演奏会で3年生が引退し、京都橘は代替わりをした。新部長にのここ、副部長はみラレとバりーという新体制がスタートしたのだ。

新型コロナウイルス、襲来《しゅうらい》

2020年は希望に満ちた年となるはずだった。

しかし、1月中旬《ちゅうじゅん》、中国の武漢《ぶかん》で大規模な感染が確認された原因不明の肺炎《はいえん》が「新型コロナウイルス」なるものだと発表され、不穏《ふおん》な空気が漂《ただよ》い始めた。日本国内でも少しずつ感染者が確認されるようになり、2月には日本に入港したクルーズ船「ダイヤモンド・プリンセス号」内の集団感染が大きなニュースになった。

のここには当初は遠い世界の出来事に感じられた。だが、感染者数は徐々に増えていき、各地でクラスターが発生。事態は悪化していった。

2月27日、安倍晋三《あべしんぞう》総理大臣が全国の小・中・高校、特別支援学校《とくべつしえんがっこう》に臨時休校を要請《ようせい》。3月2日から春休み期間まで授業や部活がストップすることとなった。

京都橘でも学校と部活が休止。総務はメッセージアプリでグループを作って連絡《れんらく》を取り合った。また、各パートはオンラインでミーティングや練習をした。

この時点では、のここはまだ危機感を抱いていなかった。

「こんなん初めてのことやけど、久しぶりの長い休暇《きゅうか》やと思たらええわ」

のここはこの休校期間にスネアドラム★を特訓しようと考えた。のここはシロフォンやビブラフォンといった鍵盤《けんばん》打楽器は得意だったが、スネアはずっと苦手意識を持っていたのだ。のここは自宅で練習用のパッドをばち《スティック》でひたすら叩いた。体がなまらないようにステップの練習もした。

打楽器パートでは、ビデオ通話でつながりながら体幹を鍛《きた》えるトレーニングをやった。腕立《うでた》て伏《ふ》せのポーズで両肘《りょうひじ》を床につき、その体勢を維持《いじ》し続けるのだ。一人でもできることだが、パートのメンバーと一緒にやることで真剣さが増した。

のここは、部員たちの状況《じょうきょう》を、ＳＮＳに投稿《とうこう》される書き込みや動画などで把握《はあく》するようにしていた。みんなはそれぞれに個人練習やビデオ通話でのパート練習をしながら、勉強をしたり遊んだりして過ごしているようだった。

「みんな、元気そうやな。こういう休みもええもんや」とのここは思った。

ところが、臨時休校の期間が延長され、だんだんと先行きが不透明《ふとうめい》になってきた。始業式も授業もなく、新入生の姿を見ることもなく、のここはずっと自宅で外出を自粛《じしゅく》していた。高3に進級したという実感がちっとも湧《わ》いてこなかった。

★スネアドラム
いわゆる小太鼓のこと。下側の幕に金属製の「響き線《スナッピー》」が張られているのが特徴で、これを英語では「スネア」と呼ぶ。

コロナの状況はさらに悪化し、4月7日には東京や大阪など7都府県に緊急事態《きんきゅうじたい》宣言《せんげん》が出され、4月16日になるとそれが京都を含《ふく》む全国へ拡大された。

「いつになったら部活を再開できるんやろ……」

さすがに不安になっていると、★全日本吹奏楽連盟の公式サイトに「今年度の大会の開催について5月上旬《じょうじゅん》に発表をする」といった情報が掲載《けいさい》されているのを発見した。その大会には全日本マーチングコンテストも含まれている。嫌な予感がした。

「高校生活最後の年に、大会が中止になったりしいひんよね!?　お願いだから、大会だけはやってくれますように！」

のここは祈《いの》るような気持ちだった。

5月に入ると、のここは毎日1時間ごとにスマートフォンで全日本吹奏楽連盟の公式サイトをチェックした。居ても立っても居られなかったのだ。

5月10日、サイトにこんな文書がアップされていることを発見した。

『2020年度　秋季事業の中止について』

「中止」という文字が目に入った瞬間《しゅんかん》、心臓が止まりそうなほどの衝撃《しょうげき》を受けた。

震える手でスマートフォンの画面をタッチし、その文書を読んだ。

★全日本吹奏楽連盟
吹奏楽および管・打楽器による音楽の普及・向上を図り、芸術文化の発展に寄与することを目的とした一般社団法人。全国の小・中・高校や大学、職場・一般団体が加盟している（2020年10月1日時点で約13600団体）。全日本吹奏楽コンクール、全日本マーチングコンテスト、全日本アンサンブルコンテスト、全日本小学生バンドフェスティバルなどの大会を主催するほか、講習会・研修会・楽譜の刊行などを行っている。設立は1939年。

『参加団体の皆様《みなさま》、ご来場のお客様、関係する全ての皆様の生命と安全が最優先との結論に達し、全日本吹奏楽コンクール、全日本小学生バンドフェスティバル★、全日本マーチングコンテストの中止を決定いたしました。』

のここはスマホを放り出し、両手で顔を覆《おお》った。

「終わった……」

目指していたものが消えてなくなってしまった。高校生活最後の年なのに。もう二度と挑戦することはできないのに！　いままでの努力や苦労、部長としてがんばってきたことなど、すべてが虚《むな》しくなった。

これから先、なんのために部活をしていけばいいのだろうか……。

「何もわからない。何も考えたくない」

のここはふさぎ込《こ》んだ。

しばらく経ってから、ふとスマホを手に取り、SNSを覗《のぞ》いてみた。昨日まであれほど賑《にぎ》やかだったみんなのSNSへの投稿はぱったり途絶《とだ》えていた。

「あぁ、みんなも見たんやな」

毎日続けていた体幹トレーニングも、「やろう」と連絡してくる者は誰もいなかっ

★全日本小学生バンドフェスティバル
小学生バンドの全国大会で、現在は全日本マーチングコンテストの前日に大阪城ホールで行われている。参加人数に制限はなく、座奏をしても、マーチングをしてもかまわない。

た。のここにとってはそのほうがありがたかった。

部活のことをきれいさっぱり忘れてしまいたかった。


翌日、のここはテレビを見ながらゲラゲラ笑っていた。

画面にはアニメが映し出されていた。アニメに飽《あ》きると漫画《まんが》を読み、スマホで動画共有サイトを眺め、ゲームをした。すべてが楽しかった。

「世の中、こんなに楽しいものであふれてたんやな」とのここは思った。

練習用のパッドとスティックは、部屋の隅《すみ》に置きっぱなしだった。

不意に、スマホに電話がかかってきた。画面を見ると、みラレからだった。

（きっと心配してかけてきてくれたんやな……）

のここはみラレの気遣《きづか》いをわかっていながら、着信を無視をし、ゲームを続けた。

高得点が出れば大声ではしゃぎ、ゲームオーバーになれば何度もリトライした。

（何も考えたくない。いまの私は抜《ぬ》け殻《がら》や……）

のここは空っぽになってしまった自分を埋《う》め合わせるようにゲームをやり続けた。

次の日もゲームをしていると、みラレから電話がかかってきた。今度は応答した。

「何？　どうしたん？」とのここはぶっきらぼうに言った。

「何って……。大会、中止になったやろ。のここ、どうしてるかなと思って」

「心配してくれたん？」

「当たり前やろ。のここ、同期でいちばん熱かったから。私も大会の中止はショックやったけど、のここは私以上やろうと思って」

「そっか。ありがとな」

「どうしてる？　私、早くみんなと演奏したくて、サックスの練習してるの」

「私はな〜んもやってへんよ。今日はなんもしいひんし、明日も、明後日も、な〜んもしいひんし！」

のここは乱暴にそう言い、電話を切ってしまった。

（みラレ、ごめん。うちはまだ現実と向き合えんわ……）

心の中で謝りながら、のここは再びゲームに向かった。

のここ、更生《こうせい》する

学校が再開されたのは、２０２０年6月1日からだった。

1年生の初舞台《はつぶたい》である6月の「３０００人の吹奏楽」も、予定されていた様々なイベントも、新型コロナウイルスの影響ですべて中止となった。

2、3年生の吹奏楽部員は放課後に音楽室に集まったが、とても練習をする雰囲《ふんい》気《き》ではなかった。大会はなくなり、スケジュールは真っ白。以前と違ってみんなマスクをしているせいもあり、よそよそしさを感じた。

「とりあえず……学年ごとにミーティングしよか」

のここがそう切り出した。

22人の3年生は輪になった。最初は「久しぶりやな」とか「休校中、何してた？」とか「ちょっと太ったやろ？」とか、あまり意味のない雑談が続いた。みんな、核《かく》心《しん》には触《ふ》れたくなかったのだ。

ふと、みラレが口を開いた。

「大会がなくなってほんまに悲しかった。けど、それより私はみんなに会えへんほうが悲しかった」

バリーも言った。

「僕《ぼく》も同じや。大会はなくなったけど、僕はオレンジを着てみんなとマーチングするのが好きなんや。またみんなで《シング・シング・シング》を踊《おど》りたい」

すると、誰かがすすり泣き始めた。それはどんどん周囲に伝染していき、あっという間に3年生みんなが泣いていた。

のここは思った。

（みんな、つらかったんやな。悲しかったし、悔しかったな。私も同じや……）

部長として黙《だま》っているわけにはいかない。のここは立ち上がり、みんなに向かって言った。

「まだ、年末の定期演奏会は中止と決まってへんから。定演があると信じて、みんなでがんばってこ」

だが、いちばん深く落ち込み、立ち直れていないのは、のここ自身だった。

まわりにはできるだけ見せないようにしていたが、表情は冴《さ》えず、動作も鈍《にぶ》かった。まだ心は空っぽのままだったのだ。

そんなのここの状態にいち早く気づいたのは顧問の兼城先生だった。のここが連絡事項《れんらくじこう》の確認で音楽準備室にいる先生のところへ行ったとき、先生に厳しい口調でこう言われた。

「中村、どうした。笑顔も元気もないぞ？　部長の君がそんなに落ち込んでいてどうする。大会がなくなったって、まだ希望はあるじゃないか！」

すると、のここの目から大粒《おおつぶ》の涙《なみだ》が流れ始めた。

インターネットで『中止』の文字を目にした瞬間からこらえていたものが、先生の言葉であふれ出した。学校では涙を見せないようにしていたが、いったん泣き始めるとなかなか止まらなかった。

もしかしたら、ずっと誰かに叱《しか》ってもらいたかったのかもしれない。先生の言葉は、真っ暗な井戸の底でうずくまっていた自分に差し伸べられた力強い救いの手のように感じられた。

（橘のモットーは「元気いっぱい、笑顔いっぱい、夢いっぱい」やのに。うちは部長のくせに、元気も笑顔も夢もなくしていたんやな）

そんなのここの様子を見て、兼城先生は優しい口調でこう励《はげ》ましてくれた。

「先生もなんとか本番を増やせるようにしてみるから。一緒にがんばっていこう」

のここは手の甲《こう》で涙をぬぐいながら、うなずいた。

(うちはしばらく自分を見失ってた。けど、先生のおかげで『更生』できそうや)

のここはようやく前向きな気持ちになることができた。

音楽室に戻ると、2、3年生に加え、ようやく入部してきた1年生の姿もあった。のここは2年生でチューバ担当の「すーち」こと中村希星《なかむらきらら》に声をかけた。のここはすーちが自分の跡《あと》を継《つ》いで来年の部長になるだろうと思っていた。

「すーち、1、2年生はどう？　大丈夫《だいじょうぶ》そう？」

「はい！　きっと3年の先輩方はいまでもつらい気持ちやと思いますけど、笑顔で練習してはるので、私たち後輩《こうはい》が落ち込んでる場合じゃないです」

すーちは笑顔で答えた。

「そっか。特に1年生はずっと学校も部活も来られない状態だったから心配してたんや。ホッとしたわ」

「私たち、どこまでも先輩たちについていきます！」

すーちは力強く言った。

（明るくてしっかりした子やな。頼もしいわ）

のここはそう思いながら、すーちの肩をポンと叩いた。

「よーし、大会がなくても、今年は歴代最高の『オレンジの悪魔』にするで！」

のここの顔が久しぶりに明るく輝いた。


新型コロナウイルスによって、学校生活も部活も大きく変わってしまった。

常にマスクをしなければならないし、校舎の玄関を入ったところには自動検温システムが設置され、消毒液が置かれた。吹奏楽部が練習で使う音楽室ゾーンの入り口には『練習時の並び方は同一方向　2メートル以上の距離《きょり》を確保する』『マスクをはずす時は声を出さない（挨拶は笑顔で会釈《えしゃく》）』といった注意書きが張り出された。

不自由なことは多かったが、やるしかなかった。

京都橘高校吹奏楽部は手探りながらもコロナ禍《か》での練習方法を模索《もさく》していった。

幸い、兼城先生や顧問の先生たちの尽力《じんりょく》により、8月以降は感染症《かんせんしょう》対策に気を配りながら本番の機会が得られた。例年ほどの数ではなかったが、関西のマーチングの強豪校との合同練習会、兵庫県明石市《あかしし》のメリディアン・マーチングフェスタ、プロバスケットボールのハーフタイムショーなどに出演したのだ。

「一つ一つの本番を大切にしよう！」

「コロナで沈《しず》んでいる人たちを、うちらの《シング・シング・シング》で元気づけよう！」

「いまこそ『オレンジの悪魔』が本領を発揮するときやで！」

そんなふうに部内でモチベーションを高め、行く先々で溌剌《はつらつ》としたマーチングを披露した。11月には京都府高等学校総合文化祭★・吹奏楽部門マーチングバンドの部というコンテストに参加し、見事金賞に輝いた。

そして、12月24日のクリスマスイブには、3年生の引退式を兼《か》ねた第57回定期演奏会の開催も決定していた。吹奏楽部にとって最大のイベントだ。

「絶対に定期演奏会を成功させるで！」

のここは部員たちを鼓舞し、練習に打ち込んだ。

★京都府高等学校総合文化祭
京都府で毎年開催されている文化部の祭典。京都府高等学校文化連盟が主催し、吹奏楽以外に合唱、写真、放送など様々な部門がある。

● 臨時休校が明けると、音楽室ゾーンの入り口には以前はなかった注意書きが貼られていた

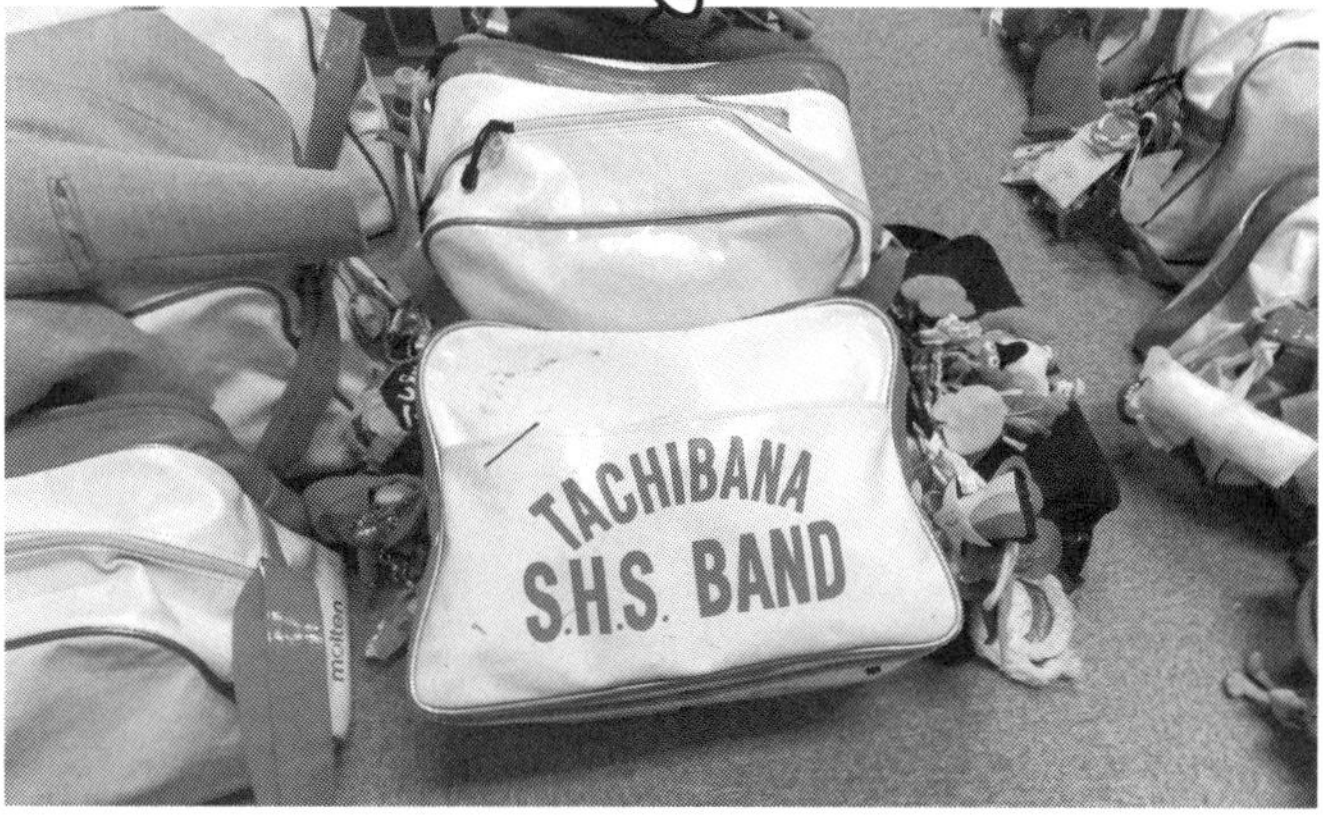

● 白地にオレンジの英字が映えるエナメルバッグは京都橘高校吹奏楽部の部員の証

クリスマスイブの大ピンチ

２０２０年も年末に差しかかり、京都橘高校吹奏楽部の定期演奏会が近づいてきていた。会場は、コンクールの京都府大会でも使われる★ロームシアター京都だ。秋から全国的にコロナの感染者数が増加傾向《けいこう》になり、客席は一般《いっぱん》の観客を入れずに保護者と招待客のみ500人に制限されることが決まっていた。２０００席ある客席の４分の１だ。その代わり、定期演奏会をネットでライブ配信するという初めての試みをすることになった。

「会場のお客さんは少ないけど、ネットで世界中の人に見てもらえるんやな」

「コロナで悔しい思い、つらい思いをしてるのはうちらだけやない。たくさんの人に元気を与えられる演奏会にしよう」

部員たちはモチベーションを落とさないように努めながら練習を続けた。

本番間近になるとさらにコロナの感染者数は増加した。他校では定期演奏会の中止や延期を決めたところも少なくなかった。

★ロームシアター京都
京都府京都市左京区《さきょうく》にあるコンサートホール。正式名称は「京都会館」。

「本当に開催できるんやろか……」

部内に不安が広がった。マーチングコンテスト中止の悪夢が頭をよぎった。

「どうか最後の定期演奏会だけはできますように！」

のここは祈るような気持ちで練習に打ち込んだ。


定期演奏会の前日となった。この時点で「開催」の方針は変わっていなかった。

「まだ完璧《かんぺき》に演奏できない曲もあるけど、準備はだいたいできた。あとは、残された時間で精度を上げていくだけやな」

のここは部員たちに積極的に声をかけ、最後の調整を進めた。

ところが、ステージマーチング★の練習に取り組んでいる最中、兼城先生が深刻な表情でみんなを集めた。先生はみんなを見回してから、重い口調でこう告げた。

「2年生の部員にコロナの濃厚接触者《のうこうせっしょくしゃ》が出て、これからPCR検査を行う。もし陽性だった場合は定期演奏会も中止になるかもしれない。検査結果は明日、つまり本番当日にならないとわからない……」

部員たちの中から悲鳴に近い声が上がった。

★ステージマーチング
広いフロアや運動場ではなく、音楽ホールのステージ上で演奏・演技するマーチングのこと。「ステージドリル」とも呼ばれる。

ここまでがんばってきたのに、また大切な本番が失われるかもしれない。楽しみにしてくれている人たちに京都橘の演奏やマーチングを届ける機会、3年生の最後のステージがなくなってしまうかもしれない。

そのとき、のここがみんなに向かって言った。

「でも、定演より心配なのはあの子のことや。コロナも不安やろうし、もしかしたら自分を責めてるかもしれへん」

同じパートの先輩であるみラレも言った。

「あの子、ほんまにがんばってたもん」

「検査の結果はどうなるかわからへん。あの子のためにもうちらができるのは、予定どおり定演を開催するつもりでしっかり準備することや。まだやらなあかんこともいっぱいあるし、ぼやぼやしてる時間なんかないで」

「でも、のここ、ほんまに中止になったら……」とひとりの部員が言った。

「考えてもしゃあない。うちらはできることを全力でやるまでや。さ、練習しよ！」

休校期間中にどん底まで落ちてから「更生」したのここは強くなっていた。

ステージマーチングの練習を再開したが、不安を払拭《ふっしょく》できない部員が多く、泣きながら演奏・演技をしている部員もいた。

「そこ、ステップが遅れてるで！」

のここは積極的に声をかけ、練習を引っ張った。すると、徐々に泣いていた部員たちの涙は止まり、いつしか誰もがすっきりした表情になっていった。大好きなマーチングに没頭《ぼっとう》することで雑念が消えたのだ。

練習の後、のここが片付けをしていると、スマホを手にしたみラレがやってきた。

「あの子からメッセージ来てたわ」

「えっ！　なんて書いてあった？」

「明日はがんばってくださいって」

「そっか。検査結果が陰性《いんせい》でも、濃厚接触者やから本番には出られへんのか。あんなにがんばってたのに」

「あとな、『117期の先輩が大好きです』って……」

のここは胸が詰まった。自然と瞳が潤《うる》んできた。

「うちもあの子のこと、大好きや」とのここは言った。

「私も。大丈夫《だいじょうぶ》、きっと陰性だよね」

「そう信じよう。明日はあの子の分までがんばろな」

「うん、がんばろ！」

　のこととみラレは笑顔を交わし合った。


　翌日、ロームシアター京都に集合した部員たちは、夕方から始まる本番に向けて直前のリハーサルをした。

　その途中、兼城先生が部員たちを集めた。

「検査の結果が出ました……陰性でした！」

　部員たちはワッと喜びの声を上げ、拍手をした。

「よかった！」

「ほんまよかったね！」

　部員たちにとっては二重の喜びだった。

　のここは、みラレと目が合った。二人は微笑みを交わした。

　これで心配は消え去った。あとは定期演奏会の本番で最高の演奏とマーチングを披露するだけだ。

「オレンジの悪魔」のラストシーン

午後6時30分。ホールに開演を告げるチャイムが響き、★緞帳《どんちょう》が上がった。

(お客さん、すくなっ!)

のここは客席を目にした瞬間、そう思わずにはいられなかった。前の年も定期演奏会は同じホールだったが、ぎっしり満員だった。4分の1しか観客が入れないというのはこんなに寂《さび》しいものなのかと思った。しかも、全員がマスクを着けている。

コロナ禍では当然なのだが、1年前とはすっかり様変わりした光景に、のここは軽いショックを受けた。

(最後の定演は、もっとたくさんの人に見てもらいたかったな……。でも、きっとネット配信で見てもらえてるはず! すーちに宣言したみたいに、この定期演奏会でうちらは歴代最高の「オレンジの悪魔」になってやろう!)

のここはそう自分を奮い立たせた。

第1部「クラシックステージ」、第2部「ポップスステージ」と順調にプログラ

★緞帳
ステージ幕のこと。

ムをこなしていき、いよいよメインイベントである第3部「マーチングステージ」を残すのみとなった。

第3部を控えた休憩《きゅうけい》時間、部員たちは大急ぎで着替《きが》えをした。最初は「青ユニ」と呼ばれる、定期演奏会のときだけ着用する京都橘のもう一つのマーチング衣装だ。色はシックな紺《こん》で、オレンジの衣装と同じように女子はミニスカート、男子は黒のロングパンツとなっている。

舞台裏には女子用にパーティションで仕切った着替えスペースがあった。一方、3学年でたった6人しかいない男子は舞台裏の隅で着替えた。

着替え終わったバリーを見て、のここは冗談めかして言った。

「男子は隅っこで大変やなぁ。女子がうらやましいやろ?」

「そんなことないで。女子はトイレが大渋滞《だいじゅうたい》やからな。男子はノンストップや」

「おあいこやな」とのここは笑った。

いつもはそんなに口数が多くないバリーだが、本番前でテンションが上がっているのかもしれない。のここは、京セラドーム大阪での初本番のときにもバリーと言葉を交わし合ったことを思い出した。

「ほら、バリー、『橘テンション』の時間やで！」

「おう、やろうか！」

のここたちが緞帳の下りたステージへ行くと、すでに着替えを終えた部員たちが集まっていた。兼城先生もまじって全員が円陣《えんじん》を組んだ。

橘テンション――それは京都橘高校吹奏楽部がマーチングの本番の前に行う伝統の儀式《ぎしき》だった。

「橘テンション！」

ドラムメジャーがそう叫ぶと、全員が「上がってきた！」と声を上げる。そして、肩を組んだまま「ハイ、ハイ、ハイ、ハイ！」と大声で繰り返しながらジャンプする。7回目のジャンプの後、「ハーイ！」と声を伸ばし続けるのだ。まさにテンションが上がる儀式だ。

部員たちはお互いにハイタッチをすると、高揚《こうよう》した表情で楽器を手にし、持ち場に向かった。

定期演奏会の最後を飾《かざ》る第3部の幕が上がった。

青ユニを着た部員たちが登場し、クオリティが向上した演奏とともに、華麗なダンスやステップを披露した。また、★カラーガードがフラッグをなびかせながらの美しいショーで客席を魅了した。

続いて、部員たちはいったんステージから下がり、青ユニからオレンジに着替えて再び現れた。お待ちかねの「オレンジの悪魔」の登場に、会場のボルテージは最高潮に達した。

まずは、定番曲のひとつである《★イット・ドント・ミーン・ア・シング（スウィングしなけりゃ意味がない）》で観客の心をガッチリつかむと、続いては117期の3年生だけでザ・ビートルズの名曲《レット・イット・ビー》をしっとりと演奏した。

そこから一気にテンポを上げ、全部員がステージに出てゴードン・グッドウィンが作曲した《シング・サング・サング》、ジョン・ウィリアムズが作曲した《スウィング・スウィング・スウィング》と畳《たた》み掛けていく。

そして、ドラムセットが刻む独特のリズムに合わせ、部員たちが客席に手を振りながらステージ上に広がっていった。《シング・シング・シング》の始まりだ。会場に手拍子が満ちあふれる。

★カラーガード
マーチングで、フラッグ（旗）・ライフル（小銃型《しょうじゅうがた》の小道具）・セイバー（サーベル型の小道具）などを用いて演技をするパート。

★《イット・ドント・ミーン・ア・シング（スウィングしなけりゃ意味がない）》
ビッグバンド・ジャズの名曲で、デューク・エリントンが作曲。「スウィングしなけりゃ意味がない」はエリントンの口癖《くちぐせ》だったと言われている。

● マーチングステージの開幕前にみんなで円陣を組み、「橘テンション」で気合いを入れる

● 《シング・シング・シング》のラストに「ヘイ!」と決めポーズ。会場のボルテージは最高潮に達した

低音楽器が妖《あや》しく響き、トランペットが華々《はなばな》しく吹き鳴らされる。部員たちは両脚を交互に蹴《け》り出し、ミニスカートをひらめかせ、体を弾ませながら楽器を奏でた。入部したばかりのころは誰もが練習に苦しんだが、1年生も含めて不安定なステップを踏む者は一人もいなかった。まるで全員が目に見えない糸でつながれているかのように同じタイミングで脚《あし》を上げ、下ろし、前に蹴《け》り出し、その動きが音楽と渾《こん》然一体《ぜんいったい》になっていた。

2時間近くコンサートを続けてきて、体力的にかなり疲労しているはずだったが、「オレンジの悪魔」は最大級のテンションで躍動《やくどう》し、会場を橘色に染めていた。

のここは最後列のピットでタム★を叩いていた。《シング・シング・シング》のリズムに合わせて腰を振り、ステップを踏む。ポニーテールにした髪《かみ》が上下にはずみ、背中を叩く。全身が高揚感に包まれ、笑顔がはじけた。

1年生のころはあんなにステップに苦戦していたみラレも、テナーサックスを吹《ふ》きながら堂々たるダンスで後輩たちをリードしていた。

(みラレ、ほんま成長したな)

誰にでも優しかったみラレ。コロナの休校中も、休校明けも、のここのことを心

★タム
中型の太鼓の一種で、「トムトム」「タムタム」とも呼ばれる。スタンドで固定すると「フロアタム」と呼ばれることがある。また、オーケストラや吹奏楽(座奏)では「コンサートタム」とも呼ばれる。

配し、支えてくれた親友だ。

（みラレがいなかったら、うちは橘の部長としての務めをまっとうできなかったかもしれへん……）

のここの目の前では、スーザフォンを担いだバリーが踊っていた。ちょっといたずら心が湧いてきた。

（いままでは演奏中に振り返ってもろくに目を合わせてくれへんかったけど、今日こそは合わせたるで！）

のここが手ぐすね引いて待っていると、バリーがくるっと振り返った。のここはタムを叩きながら目力を込めてバリーを見つめた。すると、バリーものここを見つめ返し、一瞬ニヤッと笑顔になった。

（ふふ、ついにやったで！）

のここは気持ちが通じ合ったように感じ、ますますテンションが上がった。それと同時に、急に底知れない寂しさにもとらわれた。

（うちらがこうしていられる時間も、もう残りわずかなんやな……）

曲は終盤に差し掛かっていた。

部員たちは疲れを知らないかのように激しくステップを続け、両脚を素早く交差させ、前へ蹴《け》り出した。自然と音はクレッシェンドし、テンポも上がってくる。会場に熱気が満ちあふれ、観客の手拍子も大きくなる。

それこそが世界中を魅了する「オレンジの悪魔」だった。コロナに苦しめられ続けた日々だったが、最後に最高の《シング・シング・シング》が披露できた。のこはそう確信した。

ドラムメジャーが舞台袖《ぶたいそで》から現れ、ステージ中央に立つ。奏者たちは一斉《いっせい》に片脚を前に出し、片手をつかみかかるように上に挙げて決めポーズをつくった。

「ヘイ!」

ラストを飾る全員のかけ声が響きいた。

その瞬間、割れんばかりの拍手がホールに鳴り響いた。観客が定員の4分の1しか入っていないとは思えないほどの喝采《かっさい》だった。感染症対策で歓声《かんせい》は禁じられていたが、のここには「ブラボー!」という称賛の声が聞こえた気がした。拍手はなかなか鳴り止まず、部員たちは顔を見合わせて笑い合った。頬《ほお》が涙で濡《ぬ》れていた。

定期演奏会の最後に、3年生を代表してのここが挨拶をした。マイクを持ってしゃべり始めるとすぐに涙があふれ出してしまい、言葉がつかえた。京都橘の存在を知り、あこがれ、入部してからいままでのことが一気に頭によみがえってきた。のここはマイクを口元からはずし、客席に向かって自分の声で言った。

「本日はありがとうございました！」

温かな拍手を浴び、のここは笑顔になった。

最後に3年生はひとりずつ名前を呼ばれ、ステージを下りていった。後輩から花束を受け取り、客席の通路を通り抜けてホールから出ていくのだ。

部長であるのここは最後に残り、同期の仲間たちが一人、また一人と消えていくのを見送った。

（みんな、ほんまたくましくなったわ）

仲間たちの背中を見て、のここは感慨深《かんがいぶか》く思った。

（みんなのオーラが見える……。あぁ、うちら、ほんまに「オレンジの悪魔」だったんやなぁ）

21人の3年生がステージを去り、ついにのここの番がやってきた。ステージの下で待っていたのは、次期部長に決まったすーちと次期副部長だった。二人とも号泣していた。

（先輩、ありがとうございました！）

すーちの濡れた瞳がそう語っていた。

（こっちこそ、いままで私についてきてくれてありがとう。これからはすーちたちの時代や。頼んだで！）

のここは花束を受け取り、通路を歩き始めた。すべての観客がのここのほうを向き、拍手を送ってくれた。通路を歩き切り、ドアをくぐって客席から外に出ると、ステージで緞帳が下がっていくのを背中に感じた。自分たちはこちら側にいて、後輩たちは向こう側にいる。去る者と残る者を分ける扉《とびら》がいま、閉じられたのだ。

さよなら、「オレンジの悪魔」。

さよなら、すべてをかけた私の青春の時間――。

のここは笑顔になった。そして、賑やかにおしゃべりしたり写真を撮《と》ったりしている同期の輪の中へと入っていった。

● 学校にて制服姿の2020年度部員。顧問・兼城裕先生（最前列左）の右隣がバリーとみラレ

● 定期演奏会終演後、花束や贈り物を手にしたのここ（左）とドラムメジャー・青山莉子

エピローグ　「オレンジの悪魔」は踊り続ける

のここは京都橘で燃え尽き、卒業後は吹奏楽はもうやらないつもりだった。

高校生活最後の年は新型コロナウイルスの影響でたくさんの制限や我慢《がまん》を強いられたが、そんな状況の中では最大限の活動ができたと思っている。定期演奏会も大成功に終わり、終演後にＳＮＳや動画共有サイトのコメント欄《らん》などを通じて国内外から称賛のメッセージが届いた。

全日本マーチングコンテストに出場して「緑の床」に立つという最大の目標は幻に終わってしまった。それは悔しいことだったが、おかげでのここは新たな目標を見つけることができた。

「京都橘を卒業したら、私は大学に進学する。教員免許《めんきょ》を取り、教師になる。そして、吹奏楽部の顧問になって、教え子たちと『緑の床』を目指すんや！」

のここの中では、まだ「オレンジの悪魔」がステップを踏み続けているのだ――。

Chapter

2

第二章

コロナ禍《か》でも走っていこう、明日《あした》も!

全国大会常連校のリモート合奏

東海大学付属高輪台高等学校吹奏楽部

Tokai University Takanawadai Senior High School

東《とう》海《かい》大《だい》学《がく》付《ふ》属《ぞく》高《たか》輪《なわ》台《だい》高《こう》等《とう》学《がっ》校《こう》吹《すい》奏《そう》楽《がく》部《ぶ》

所在地：東京都港区
設立年：１９７２年

吹奏楽部紹介　High school band

メディアにも多数登場する全国屈指の強豪

東海大学付属高輪台高等学校は、東京都港区に位置する、生徒数約１４００人の共学の私立校。吹奏楽部は１９７２年に創部され、全日本吹奏楽コンクールに14回出場（金賞10回）。全日本マーチングコンテスト、全日本アンサンブルコンテスト等でも優秀な成績を収めている。テレビなどメディアにも多数登場。２０１９年度の部員数は156人。現在の顧問は畠《はたけ》田《だ》貴《たか》生《お》先生。１９９４年に就任し、少人数の男子校バンド（当時）からスタートして全国屈指の強豪に育て上げる。

登場人物紹介　Character

オグオグ Oguogu
2020年度吹奏楽部部長
フルート担当

メグ Megu
2020年度吹奏楽部
コンサートミストレス
トランペット担当

カホ Kaho
2020年度吹奏楽部
コンサートミストレス
クラリネット担当

シゲトラ Shigetora
2020年度吹奏楽部
マーチングリーダー
トランペット担当

「吹《すい》奏《そう》楽《がく》の甲《こう》子《し》園《えん》」の後《こう》悔《かい》

２０１９年10月20日、午後1時30分。東海大学付属高輪台高校吹奏楽部《とうかいだいがくふぞくたかなわだいこうこうすいそうがくぶ》の2年生で、★フルート担当の「オグオグ」こと小倉由佳《おぐらゆうか》は冴《さ》えない表情でざわめきの中に座っていた。

高校吹奏楽界の頂点を決める★全日本吹奏楽コンクール・高等学校前半の部は、全国から集結した代表校15校の演奏がすべて終わり、表彰式《ひょうしょうしき》が始まろうとしていた。客席には各学校の部員たちが集まり、結果発表を前にしてそれぞれが緊張《きんちょう》と高揚《こうよう》を感じながら周囲の仲間たちと言葉を交わし合っている。それが、巨大《きょだい》なざわめきの塊《かたまり》となって会場である★名古屋国際会議場センチュリーホールに充満《じゅうまん》し、いまにも爆発《ばくはつ》しそうになっていた。

オグオグは高輪台のトレードマークである赤いブレザー、通称《つうしょう》「赤ブレ」を身にまとって腰掛《こしか》けていた。

まわりにいる赤ブレの部員たちはおしゃべりに興じている。本番の演奏は終わり、

★フルート
木管楽器の一種で、管体のほとんどが金属製の横笛。高音域を担当する。

★全日本吹奏楽コンクール・高等学校前半の部
毎年10月下旬《げじゅん》ごろに行われている全国大会。高等学校の部は全30校が前半の部・後半の部に分かれ、15校ずつで開催《かいさい》されている。かつては東京の普門館《ふもんかん》で行われていた期間が長く続いたが、２０１２年からは愛知県の名古屋国際会議場センチュリーホールが会場となっている。

★名古屋国際会議場センチュリーホール
愛知県名古屋市にある多目《たもく》的施設《てきしせつ》。イベントホール、レセプションホール、会議室などがある中、３０００

あとは結果発表を待つだけ。「いい演奏ができた」という感触《かんしょく》があるからか、みんな笑顔で楽しそうにしていた。

しかし、オグオグだけは表情が固く、少し青ざめていた。

「オグオグ、大丈夫《だいじょうぶ》？」

同じ2年生のトランペット★奏者で、親友の「メグ」こと宮澤恵美《みやざわめぐみ》が声をかけてきた。

「うん、大丈夫……」

オグオグはそう答えたものの、笑みを浮《う》かべることができなかった。

「フルートのソロ、うまくいってたじゃん。心配しなくても平気だよ」

「そうかな……。うん、そうだよね」

無意識に、周囲にいる3年生の先輩《せんぱい》たちの表情を窺《うかが》った。誰《だれ》もオグオグのことを責めたり、気にしたりしてはいなかった。

けれど、本番で思うような演奏ができなかったことはオグオグ自身がいちばんよくわかっていた。

オグオグは今回、日本中にその名を知られる吹奏楽の強豪校《きょうごうこう》、東京代表の東海大

人を収容できるセンチュリーホールは全日本吹奏楽コンクール中学校の部、高等学校の部の会場となっている。

★トランペット
金管楽器の一種で、高音域を担当。メロディやソロ、ファンファーレなどを受け持つことが多い吹奏楽の花形。

学付属高輪台高校吹奏楽部のメンバーとして全日本吹奏楽コンクールに初めて出た。約150人の部員がいる高輪台の中で、2年生にして55★人のメンバーに選ばれるのは特別なことだった。

しかも、オグオグは4人のフルート奏者の中で唯一《ゆいいつ》の2年生でありながら、3人の先輩たちを飛び越《こ》えてソロなどを担当するもっとも重要なパート、首席《トップ》奏者にも抜擢《ばってき》されていた。

実力校がひしめき合う東京都で、高輪台は8月の都★大会予選、9月の都★大会本選を突破《とっぱ》し、「吹奏楽の甲子園《こうしえん》」とも呼ばれる全日本吹奏楽コンクールへの出場を決めた。

ところが、ずっと目標にしてきた全国大会のステージに出た瞬間《しゅんかん》、オグオグはその場の空気に呑《の》まれてしまった。頭は真っ白になり、全身は緊張でガチガチだった。

吹奏楽コンクールの演奏時間は、課題曲と自由曲の2曲合計で12分間と決まっている。

（課題曲を演奏してる間に少しでも緊張がほぐれますように……）

オグオグはそう祈《いの》りながらフルートを演奏したが、課題曲が終わっても状況《じょうきょう》は変

★55人のメンバー
全日本吹奏楽コンクール（全国大会）があるのは大編成のA部門のみで、高等学校の部で出場できる演奏者は55人まで。

★都大会予選
正式には「東京都高等学校吹奏楽コンクール」。

★都大会本選
正式には「東京都吹奏楽コンクール」。全国の中で、東京都と北海道のみは単一の自治体で一つの支部となっている。

わらなかった。

続いて、自由曲の福島弘和《ふくしまひろかず》作曲《アニマ メアア ルーチェ》の演奏に移った。曲のタイトルの意味は「魂《たましい》の輝《かがや》き」。しかし、フルートを吹《ふ》くオグオグの表情や魂からは輝きが消えていた。

（せっかくトップに選んでもらったのに……。先輩たちも悔《くや》しい思いをこらえて、私をトップとして認めてくれたのに、それに応える演奏ができてない！）

オグオグは自責の念に駆《か》られた。

ソロでも、それ以外のところでも、大きなミスをしたわけではなかった。しかし、終始自信のない、消極的な演奏をしてしまった。自由曲の間、オグオグは心の中でずっと「早く終わって！」と叫《さけ》び続けていた。針のむしろに座っているかのような12分間だった——。

そんな本番の後だからこそ、表彰式を迎《むか》えても冴えない表情しかできなかった。

ステージ上に出場校の代表者が2名ずつ並んだ。そして、1校ずつ名前を呼ばれると前に出て、アナウンスで結果が発表され、トロフィーと表彰状を渡《わた》される。審《しん》査《さ》結果は金賞・銀賞・銅賞のいずれか。それぞれおおよそ全団体数の3分の1ずつとなっており、金賞は上位3分の1。4、5校に与《あた》えられる。

「コンクールに出るからには全国大会金賞を目指すけど、それがすべてじゃない」

顧問《こもん》の畠田貴生《はたけだたかお》先生はよくそう言っていた。

コンクールは、明確な目標に向かって真剣《しんけん》に演奏技術や表現力を学ぶ機会であり、また、様々な経験を通して人間的に成長するためのもの。結果は後からついてくるもの。

それはオグオグもよくわかっていた。

しかし、夏前から気の遠くなるような時間をかけ、思いを込《こ》めてつくり上げてきた演奏を最高のものにしたかったし、やはり最高の評価を得たかった。高輪台は前年まで全国大会で2年連続金賞を受賞している。先輩たちが築き上げてきたものを、今年も金賞という形で引き継《つ》ぎたかった。

(でも、私はあんな演奏をしてしまって……)

オグオグが落ち込んでいる間に、表彰式は進んでいった。

「ゴールド金賞！」という声が響《ひび》くと、その学校が集まっているあたりから「キャーッ！」という歓声《かんせい》が上がる。「ゴールド金賞」とは、金賞と銀賞を聞き間違《まちが》えないようにするための吹奏楽独自の言い方だ。

一方、銀賞や銅賞と発表されると、その学校のほうからはため息や落胆《らくたん》の声が聞こえ、涙《なみだ》を拭《ぬぐ》う者の姿も見えた。

(私のせいで金賞じゃなかったらどうしよう……)

オグオグがそんな不安に襲《おそ》われたとき、結果発表の順番が回ってきた。

「13番、東京代表、東海大学付属高輪台高等学校——」

会場がしんと静まり返った。

「——ゴールド金賞!」

そのアナウンスが響くと、赤ブレを着た部員たちは「キャーッ!」と叫び、抱《だ》き合ったり握手《あくしゅ》をしたりして喜びを爆発させた。

(あぁ、よかった)

オグオグは心底ホッとしていた。

2年生にして「吹奏楽の甲子園《こうしえん》」に出場し、最高賞の栄誉《えいよ》に輝いた。これ以上にない結果だ。だが、やはりオグオグは沈《しず》んだままだった。

(全国大会で私は輝けなかった。来年は高校生活最後のコンクール。今度こそ……

私はここで輝きたい。そして、ステージ上で「ゴールド金賞」のアナウンスを聞きたい！）

ステージでは、3年生の部長と副部長がトロフィーと表彰状を受け取り、笑顔を浮かべていた。それを見ながら、オグオグは強く思った。

約半年後、まさかその願いがはかなく消え去るとは、このときのオグオグは想像もしなかったのだった。

名門バンドを襲ったコロナの嵐《あらし》

東海大学付属高輪台高校は、東京23区の中心に位置する港区の一等地にある。地下3階から地上6階まである校舎には3基のエレベーターが稼働《かどう》。恵《めぐ》まれた環境《かんきょう》の学校だ。

そして、吹奏楽部は全日本吹奏楽コンクールの常連校で、コンサートのチケットは常に売り切れ。テレビ番組などメディアに取り上げられる機会も多く、各地のイベントに引っ張りだこ。人気と実力を兼《か》ね備えた、東京を代表するバンドである。

2020年1月、オグオグは燃えていた。

前年の全日本吹奏楽コンクールでのふがいない演奏のリベンジを果たさなければならない。それに加えて、年末に行われた定期演奏会で3年生は卒部し、オグオグは次の代の新部長に選ばれていたのだ。

高輪台では、それぞれの代を部長のファーストネームで呼ぶことになっている。新たな代は「由佳《ゆうか》の代」となった。

「私は高輪台という強豪校の部長なんだ。責任は重いし、しっかりしなきゃ！」

オグオグは意気込んだ。

吹奏楽部を引っ張っていく同期のリーダーには、コンサートミストレス★に同じ中学校から来たクラリネット★担当の「カホ」こと河合華穂《かわいかほ》、1年生のときからコンクールメンバーだった埼玉県の強豪中学校出身のメグも選ばれていた。また、マーチングリーダーには都内から進学してきたトランペット奏者の「シゲトラ」こと原田茂《はらだしげ》虎《とら》が選出されていた。

新しいスローガンは3年生が様々なアイデアを出し合い、こんな言葉に決まった。

『開花～無限大の努力　まごころ込めて咲《さ》かせよう～』

実は、「由佳《ゆうか》の代」が始まると同時に、顧問の畠田先生の発案で高輪台では各チームに新たなチーム名をつけて活動していくことになった。全国大会を目指すコンクールメンバーは「蒲公英《たんぽぽ》」、マーチングメンバーは「向日葵《ひまわり》」、それ以外の1年生が主体となるメンバーは「桜《さくら》」だ。

すべてのチームに花の名前が付けられたことから、スローガンには「開花」「咲かせよう」というキーワードが盛り込まれたのだった。

★コンサートミストレス
演奏者を統率し、指揮者の意図を演奏者に伝える役割をする。男性の場合は「コンサートマスター」、女性の場合は「コンサートミストレス」と呼び、それぞれ「コンマス」「コンミス」と略される。

★クラリネット
木管楽器の一種で、高音域を担当。

そのスローガンは大きな紙に毛筆で記され、音楽室の壁《かべ》に貼《は》り出された。スローガンの最後には『由佳の代』と小さく書かれていた。それを目にすると、オグオグは照れ臭《くさ》く思いながら、改めて責任の重さを感じた。

前の年、全日本吹奏楽コンクールでは金賞を受賞したが、シゲトラがメンバーとして出場したマーチングコンテストでは、東京都大会★でわずか1枠《わく》の代表校に選ばれることができず、「マーチングの聖地」、大阪城ホールで毎年行われている全日本マーチングコンテストへ出場することができなかった。

(畠田先生はいつもコンクールやコンテストがすべてじゃないと言ってるけど、私たちにはやっぱり大きな目標だ。コンクールも、マーチングも、「開花」できるようにがんばろう!)

オグオグはそう思った。

そして、音楽室でそれぞれ練習に励《はげ》んでいる同期の仲間たちを眺《なが》めた。入部したころに比べたら楽器の腕《うで》もだいぶ上達したし、みんな漫画《まんが》に出てきそうな個性的なキャラばかりだった。しかし、同期として一丸となっているかというとまだそこまではいっていないし、全体としての「由佳の代」の個性もはっきりしていなかった。

★**東京都大会**
正式には「全日本マーチングコンテスト東京都大会」。

（もし私たちが花だとして、スローガンのとおり「開花」したなら、どんな色の花が咲くんだろう……）

オグオグの目には、まだその色は見えてこなかった――。

ほぼそれと同時期のことだ。

中国の武漢《ぶかん》で未知の肺炎《はいえん》が広がっていることが日本でも知られるようになった。1月28日には新型コロナウイルスの日本人初の感染者が確認され、徐々に、しかし確実に感染が広がっていった。危機感からマスクが買い占《し》められ、薬局やコンビニエンスストアの店頭から消えた。

2月26日には全国的にスポーツや文化イベントに中止などの制限がかかり、さらに、2月27日には3月2日から春休みまで全国すべての小学校・中学校・高校・特別支援学校の臨時休校が決定された。これもまた市民の危機感を煽《あお》り、デマも拡散されたことでトイレットペーパーやティッシュペーパー、米、カップ麺《めん》などが店頭で品薄《しなうす》状態になった。

ただ、このときでも、まだ東海大学付属高輪台高校吹奏楽部の部員たちにさほどの危機感はなかった。

部長のオグオグもこんなふうに思っていた。

「部活ができなくなるなんて、いままで経験したことがないなぁ。学校もなくて、ずっと家にいるなんて中学校入学前の春休み以来かも？　とにかく、定期テストがなくなってよかった！」

だが、コロナの影響《えいきょう》はすぐに吹奏楽界にも降りかかってきた。

2月28日のことだ。3月20日に予定されていた全日本アンサンブルコンテストの中止が発表された。3〜8人の少人数で参加するアンサンブルコンテストは吹奏楽コンクール、マーチングコンテストと並んで全日本吹奏楽連盟が主催《しゅさい》する「三大大会」の一つ。高輪台からも金管八重奏チームが出場することになっていた。メグもそのメンバーの一人だった。

オグオグはメグと連絡《れんらく》をとった。

「8人で必死にがんばって代表に選ばれて、全国大会で最高の演奏をしようって練習してたのに……」

メグはそう嘆《なげ》いた。

オグオグは、メグたちがどれだけ練習を重ねてきたかを知っているだけにやるせない気持ちになった。そのとき、オグオグの頭に浮《う》かんだことがあった。

（もし、コンクールまで中止になってしまったら……）

あまりに不吉《ふきつ》なことだから、口には出さなかった。

（メグも同じことを考えているのかな）

オグオグはそう思ったが、やはりメグもコンクールのことは何も言わなかった。

もし口にしたら、現実になってしまいそうで怖《こわ》かった。


休校から1週間ほどが経ったころ、吹奏楽部ではオンライン会議ツールを使ったネット経由のミーティングが始まった。部員たちが急に各家庭にバラバラになってしまった状態で、「何かしなければ」と顧問の先生たちが考え出したことだった。

それ以外に、スケール★を吹いた動画や音声を先生に送ってコメントをもらったり、動画共有サイトなどでプロの奏者や楽団の演奏を聴《き》いて感想文を提出したり、といった取り組みも少しずつ始まった。

オグオグやメグ、カホが所属する蒲公英《たんぽぽ》チームには、吹奏楽コンクールの自由曲

★スケール
音階のこと。

の《シンフォニエッタ第4番「憶《おも》いの刻《とき》」》の楽譜《がくふ》が先生から送られてきた。人気作曲家の福島弘和《ふくしまひろかず》に高輪台が委嘱《いしょく》★した新曲だ。

蒲公英《たんぽぽ》チームのメンバーは部活再開後の合奏に備えて、それぞれ譜読《ふよ》みをしたり、個人練習をしたりした。

「コンクールがなくなるかもしれない」という不安は誰もが抱《かか》えていたが、自由曲の練習をすることで「この曲をコンクールで吹くんだ」「今年も全国大会に出るんだ」という前向きな気持ちになることができた。

しかし、臨時休校が終わりになる様子はなかった。3月に予定されていた長崎県へ遠征《えんせい》しての演奏会出演も、みんなが楽しみにしていたヨーロッパへの演奏旅行も中止となり、それ以外の予定もどんどんなくなっていった。

部員たちは、一人一人が不安と戦う日々を過ごした。

★委嘱《いしょく》
外部に特定の仕事を一定期間任せること。音楽においては、作曲家に楽曲の作曲を依頼《いらい》することを意味する。

「リモート合奏で一つに！」

オグオグたちは臨時休校が続く中で4月1日の新年度を迎え、高校3年生になった。本来は春休みであった期間が過ぎても、臨時休校は継続《けいぞく》された。

4月7日には安倍晋三《あべしんぞう》総理大臣が7都府県に緊急事態宣言《きんきゅうじたいせんげん》を発出。高輪台高校のある東京都、オグオグが暮らす千葉県も含《ふく》まれていた。

緊急事態宣言が出ると、普段《ふだん》は多くの人で賑《にぎ》わう首都圏《しゅとけん》の繁華街《はんかがい》は閑散《かんさん》とし、電車もガラガラになった。屋外には以前とは違う異様な光景が広がり、人々は屋内にこもってコロナの収束を待ち続けた。

4月16日には、緊急事態宣言が日本全国に拡大された。

東海大学付属高輪台高校吹奏楽部の部員の間では、不安がさらに広がっていた。

「自分たち、これからどうなっちゃうんだろう」

「このまま家で個人練習を続けていても意味があるんだろうか」

「いつになったら新入部員を迎えられるんだろう」

中でも、もっとも大きな心配事は吹奏楽コンクールやマーチングコンテストが開《かい》催《さい》されるかどうかだった。

そんな不安が高まっているとき、顧問の先生から部員たちへ動画共有サイトのURLが送られてきた。

「うちもこういうことをやってみない？」

オグオグがそのURLを開いてみると、他の高校の吹奏楽部がアップした動画が再生された。音楽をバックに、メッセージを書いた紙を手にした部員たちの写真が次々に登場するのだ。会ったこともない高校生たちだけれど、その姿はまるで仲間のように感じられた。

吹奏楽に打ち込んできた仲間。

コロナで苦しめられている仲間。

そう、「仲間のよう」ではなく、「仲間」なのだ。そして、部活ができなくてもオンラインで何かを作り上げ、発信しているその姿に勇気をもらった気がした。

「私たちも、これ、やってみよう！」

オグオグはすぐに紙にメッセージを書き、スマートフォンで自分の姿を撮影《さつえい》して、先生に送信した。他の部員たちも、次々と写真を送った。

「どんな動画ができあがるのかな……」

オグオグがワクワクしながら待っていると、やがて先生の手によって部員たちの写真を一つに編集したものが動画共有サイトにアップされた。『想い』というタイトルが付けられていた。

バックにはかつてオグオグたちが歌った合唱曲《変《か》わらないもの》★と吹奏楽の定番曲《宝島《たからじま》》★が流れ、部員たちの写真が次々に表示されていった。

メグはこんなメッセージを手にしていた。

『人に感謝　夢を持って前向きに努力』

カホは満面の笑顔で写真に写っていた。

『早くみんなで合奏したい!!　笑顔わすれない』

シゲトラは、かつて畠田先生がミーティングで語った名言を手にしていた。

『大変は大きく変わる時！』

そして、オグオグは写真の中でこんなメッセージとともに微笑《ほほえ》みを浮かべていた。

『私たちの音楽でたくさんの人を笑顔にしたい！』

★《変《か》わらないもの》
山崎朋子《やまさきともこ》が作詞・作曲した合唱曲。
★《宝島《たからじま》》
和泉宏隆《いずみひろたか》作曲、真島俊夫《ましまとしお》編曲で、吹奏楽界でもっとも愛されている曲の一つ。もともとはポップ・インストゥルメンタル・バンド「T－SQUARE《ティースクエア》」の楽曲。

そこには高輪台の部員たちの素直な「想い」が刻み付けられていた。

最後まで見終わったオグオグは、胸の奥《おく》がジンとうずくのを感じた。

みんなの顔が見られるのが嬉《うれ》しくて、なんだか懐《なつ》かしくて、そして、切なかった。

いちばん多かった言葉は、カホが書いたのと同じ「早くみんなで合奏がしたい」だった。

「離《はな》れていても、みんなの『想い』は一緒《いっしょ》なんだ。やっぱり私たちは吹奏楽でつながっている。私も、早くみんなに会って、吹奏楽したいよ……」

瞳《ひとみ》が潤《うる》んできた。

と同時に、オグオグは思った。

「先生が作ってくれたこのきっかけを次につなげていかなきゃ。それが私の務めだ！」

次にオンラインでミーティングが行われたとき、オグオグはこう投げかけた。

「次に私たちにできることはなんだと思いますか？」

すると、複数の部員からは「リモート合奏をやってみたい」という提案が出てきた。

リモート合奏とは、一人一人が曲を演奏した動画を編集してまとめ、擬似《ぎじ》的に合奏を作り上げることだ。コロナ以前にはなかったものだが、プロのオーケストラである新日本フィルハーモニー交響楽団《こうきょうがくだん》が《パプリカ》★のリモート合奏をしたことが話題となり、すでにいくつかの楽団や学校がチャレンジし始めていた。

「高輪台でもやってみよう」

「おもしろそうだけど、うまくできるのかな……」

「どうやってテンポを合わせるの？」

賛成意見と反対意見の両方があった。

リモート合奏では実際に合奏するような質の高い演奏は無理だろう。強豪校である高輪台が、リモート合奏とはいえ、そんな演奏を公開していいものだろうか。そもそも、まともに曲ができあがるのだろうか。

しかし、オグオグたちには時間だけはたっぷりあった。

「私たちがリモート合奏することで、他の学校に勇気を与えられるかもしれないよ」

「コロナ禍《か》で暗くなっている日本を、高輪サウンドで少しでも明るくできたらいい

★《パプリカ》
5人組の小中学生ユニット「Foorin《フーリン》」の楽曲。作詞・作曲は米津玄師《よねづけんし》。

よね」

「とにかく、やってみようよ！」

意見はまとまった。

最初の曲として選ばれたのは《宝島》だ。すでにみんな楽譜を見なくても演奏できるくらい慣れ親しんだ曲だし、ノリがよく、最初から最後までテンポが一定だから合わせやすい。部員たちは先生から送られてきた音声ファイルの音をイヤホンで聴きながら演奏することにした。これなら、みんなの音を後で合成したときにきれいに一つの曲になるはずだ。

オグオグは自分の部屋で演奏を撮影することにした。

目の前にスマートフォンをセットして録音ボタンを押《お》し、イヤホンから流れてくる音に耳を済ませた。

最初は、いつも演奏会でやっているように、手拍子《てびょうし》をしながら「た・か・な・わ・だ・い！」と掛《か》け声をかけるところから始めることになっていた。ステージでみんなでやるときはいいのだが、自分の部屋で一人でやるのはたまらなく気恥《きは》ずかしかった。

（どうしよ、これ……！）

たまらず一度録画を止めた。

（でも、部長の私が率先してノリノリにならなきゃダメだよね）

オグオグは改めて録画を開始した。そして、必死に想像した。

自分はいまステージにいる。目の前には満員の観客がおり、オグオグのまわりには吹奏楽部の仲間たちがいる。畠田先生の姿もある。みんな心から楽しそうに手拍子をし、掛け声をかけ、そして、楽器を構える。

オグオグはその様子をイメージしながらフルートに息を吹き込み、演奏を始めた。《宝島》はラテン調のリズムに乗って奏でられる。管楽器奏者は体を動かしながら演奏し、打楽器奏者は半ば踊《おど》りながらアゴゴベル★やマラカス★、ボンゴなどを叩《たた》いている。吹奏楽を始めてから何度演奏したかわからないメロディやフレーズをオグオグはフルートでなぞる。クラリネットを吹くカホと目が合う。後ろのほうからはメグやシゲトラのトランペットが響いてくる。頭上からはまぶしい照明が降り注ぎ、観客たちの手拍子を全身に浴びて……。

気づくと、オグオグは《宝島》を最後まで吹き終えていた。

★アゴゴベル
ラテン系の音楽などで使われる金属製の打楽器（体鳴楽器）。U字のアームでつながれた三角錐やそれに近い形状の大小ふたつのボディをスティックで叩く、あるいはボディ同士をぶつけることで音を出す。

★マラカス
木製、または合成樹脂製《ごうせいじゅしせい》の打楽器（体鳴楽器）。卵形のボディに柄《え》がついた形状で、2個を左右の手に持ち、振って音を出す。ボディの中には小さな球が入っており、振ることでシャカシャカという音が出る。

「なんか……楽しかったな。ちょっとミスしちゃったから、もう1回撮《と》ろっかな」

次はもっとノリノリで、もっとみんなを感じながら——。

オグオグは笑みを浮かべながらスマホの録画ボタンをタップした。


4月22日、東海大学付属高輪台高校吹奏楽部の記念すべき初リモート合奏、《宝島》が動画共有サイトで公開された。

細かく分割された画面の中で、部員たちはそれぞれに楽器を奏でていた。もちろん、その中にはオグオグ自身もいた。リビングのようなところで演奏している部員、和室で演奏している部員、幼い兄弟と一緒に踊っている部員もいた。打楽器パートの中には、家に楽器がないため、コップやスーツケースを叩いて音を出している者もいた。

「思ったよりもちゃんと合奏になってる！」

オグオグは驚《おどろ》いた。嬉《うれ》しかったのは、みんなが演奏する様子を見られたこと。それから、みんなが楽しそうにやってくれていることだった。

オグオグは画面に映る仲間たちが愛おしかった。

「このリモート合奏を見て、たくさんの人が元気になってくれたり、明るい気持ちになってくれたりしたらいいな」

オグオグは心からそう思った。

動画の最後には、視聴者《しちょうしゃ》へのメッセージと医療《いりょう》従事者への感謝の言葉を語る畠田先生の姿も入っていた。

その場所は音楽室で、先生の背後にはスローガンの紙が映っていた。

『開花～無限大の努力　まごころ込めて咲かせよう～　由佳《ゆうか》の代』

高校に入ってから毎日のように練習してきた場所。そして、自分たちの思いを込めたスローガン。部長である自分の名前も記されている。

「あぁ、早く音楽室に帰りたい！　みんなで部活がしたい！」

改めてオグオグはそう思わずにはいられなかった。

高輪台の《宝島》動画は、公開されるとすぐに話題になり、あっという間に視聴回数は10万回を超《こ》えた。コメント欄《らん》には、視聴者から「おうちで演奏してくれてありがとう」「皆《みな》さんのがんばってる姿から元気をもらえました」「演奏を聴いていて涙が出ました」といった好意的な言葉が多数寄せられた。

「思い切ってリモート合奏にチャレンジしてみてよかった！」とオグオグは思った。

その後も高輪台は、前年の定期演奏会での《宝島》の演奏動画、新入生向けの部活紹介《しょうかい》動画、《風《かぜ》になりたい》のリモート合奏・ダンス動画を公開していった。

オンラインで行う練習も多彩《たさい》になり、リトミック★をしたり、合唱をしたり、パート練習をしたりするようになった。どれもオンラインでやるのは簡単ではなかったが、ずっと個人練習をするのに比べたら張り合いがあり、孤独《こどく》を感じずに済んだ。

しかし、5月に入っても臨時休校は続いた。

「いつになったら学校と部活が再開されるんだろう」

「コンクールやマーチングコンテストは開催されるんだろうか」

再びそんな不安がふくらんできたとき、衝撃的《しょうげきてき》なニュースが飛び込んできた。

5月10日、全日本吹奏楽連盟から、吹奏楽コンクールとマーチングコンテストの中止が発表されたのだ。特に吹奏楽コンクールは1940年★に始まって以来、約80年の歴史の中で戦争以外で中止されたのはこれが初めてだった。

オグオグはショックを受けた。嫌《いや》な予感はしていた。中止になるかもしれないと覚悟《かくご》もしていた。しかし、いざ現実となると、その重さは予想以上だった。

★リトミック
音楽で感じたことを、体を動かして表現したり、即興で表現したり、全員を動かしながら歌ったりすることを通じて音楽能力を伸ばす教育法。

★1940年に始まって
全日本吹奏楽コンクールは1940年に「紀元二千六百年奉祝《ほうしゅく》 集団音楽大行進並大競演会」としてスタート。1943～1955年は第二次世界大戦と戦後の混乱のために中断。1956年に「全日本吹奏楽コンクール」の名称で再開された。

その夜、急遽《きゅうきょ》3年生と顧問の先生でオンラインでミーティングが行われた。

オグオグの目に、涙を流す仲間たちの姿が次々に飛び込んできた。

「アンサンブルコンテストだけじゃなく、コンクールまで中止になっちゃうなんて、すごくすごく悔しい」

画面の中でメグがそう言った。

「ずっと目標にしてきたものがなくなって、心が空っぽになったみたい。この先、どうやって部活を続けていったらいいのかな……」

カホは元気のない声でつぶやくように言った。

「今年こそ全日本マーチングコンテストに出て、大阪城ホールで去年のリベンジをするつもりだった。でも、大会はなくなったし、マーチングリーダーとしてどうやって向日葵《ひまわり》をまとめていったらいいのかわからない」

シゲトラは悔しさと迷いを吐露した。

オグオグにはみんなのやりきれない気持ちが痛いくらいわかった。

（私だって、去年の全国大会の悔しさを晴らしたかった。まさか自分が部長の年、高校生活最後の年にこんなことになるなんて……。部長の私が落ち込んでちゃダメだけど、前向きな気持ちになんかなれない！）

　オグオグの目にも涙が光った。

　そんなとき、顧問の畠田先生がこう語りかけた。

「予定していたこともほとんど白紙になってしまったし、この先何が起こるかわからないけど、先生は年末の定期演奏会は絶対にやりたいと思っているから、そこを目標にがんばっていこう。それから、ほかに3年生がやりたいことがあったら、できるだけ実現してあげようとも思っている。何でも希望を言ってみてくれるか？」

　最初は誰もが口をつぐんでいた。先の見えない状態で、希望など考えられなかった。

　やがて、一人がポツンとつぶやいた。

「私は……やっぱり全日本吹奏楽コンクールと同じように、名古屋国際会議場センチュリーホールで演奏がしたいです」

　すると、それを皮切りに次々《つぎつぎ》に3年生が希望を語り始めた。

「他の学校とジョイントコンサートをやりたいです！」

「大阪城ホールでマーチングがしたいです！」

「いつもなら絶対乗れないような、特別なホールのステージで演奏してみたいです！」

それぞれが希望を語っていくうちに、3年生の表情は少しずつ明るくなっていった。

だが、きっとそれらの希望は希望のまま終わるのだろうと誰もが思っていた。

吹奏楽コンクールとマーチングコンテストの中止が発表された後も、高輪台はリモート合奏に取り組んだ。曲は人気のロックバンド「SHISHAMO《シシャモ》」の《明日《あした》も》だった。

中にはモチベーションが下がってしまっている部員もいたが、「休校が明けるまでは、いまできることをみんなで続けていこう」「悔しい思いをしているのは高輪台だけじゃないから、演奏でみんなを励まそう」と取り組むことにした。

《宝島》と違うのは、一度も演奏したことがない新しい曲だということだった。部員たちはそれぞれ原曲を聴き、楽譜を読み込み、「合奏したらこうなるだろう」と想像しながら演奏するしかない。条件的にはかなり難しい。

オグオグは《明日も》の原曲を聴きながら、「すごく良い曲だな」と思った。特に、こんな歌詞が気に入った。

『痛いけど走った　苦しいけど走った　明日《あした》が変わるかは　分からないけど　とりあえずまだ　私は折れない』

「この歌詞、いまの私たちにぴったりだ！」

オグオグは俄然《がぜん》やる気が湧《わ》いてきた。

録画は《宝島》のようにはうまくいかず、撮り直しの回数も多かった。みんなもかなり苦戦したようだった。

後日、全員の動画を編集したものが動画共有サイトで公開された。

「合奏だと、こんな感じになるんだなぁ」

オグオグは動画を見ながらそう思った。

さすが高輪台だ。リモートでの初合奏なのに、予想以上に演奏がそろっている。

もちろん、テンポが微妙《びみょう》にずれたり、音量のバランスがよくなかったり、しているところもあった。

「でも、私たちの一生懸命《いっしょうけんめい》なリモート合奏が、見てくれた人の心に届くといいな。

● 東海大学付属高輪台高校吹奏楽部が動画共有サイトで公開した『想い』に登場するオグオグ

● SHISHAMOの曲《明日も》のリモート合奏動画を公開。高輪台高校の底力を見せた

明日も折れずに走っていこう、って思ってもらえたら……」

オグオグは思った。

《明日も》は見てくれた人たちへの、そして、自分たちへの精いっぱいの応援歌《おうえんか》だった。

私たちは何色ですか？

6月に入って、4曲目のリモート合奏《ディープ・パープル・メドレー》★が公開されるころ、ようやく3カ月に及《およ》んだ休校が終わった。

部活も再開されたが、以前とはまったく様子が変わってしまった。

毎日検温をしたり、頻繁《ひんぱん》に手指の消毒をしたり、練習場所の換気《かんき》をしたりしなければならない。

演奏に関しては、プロ★の奏者による飛沫《ひまつ》の実証実験で管楽器の演奏はさほど飛沫《ひまつ》感染《かんせん》のリスクは高くないというデータは出ていたが、念のためパート練習や合奏練習のときは1メートル以上離れて演奏した。そのせいで、お互《たが》いの音が聞こえづらくなり、指示もうまく伝わらないことがあった。

飛沫を防ぐという点では、先生やリーダーから「ここはもっとこうして」と言われたときに、「はい！」という吹奏楽部らしい元気な返事をすることができなくなった。休日の昼に弁当を食べるときも会話は厳禁だ。

★《ディープ・パープル・メドレー》
イギリスのハードロックバンド「ディープ・パープル」のヒット曲《紫《むらさき》の炎《ほのお》（バーン）》《ハイウェイ・スター》《スモーク・オン・ザ・ウォーター》をメドレーにした曲。

★プロの奏者による飛沫の実証実験
NHK交響楽団《こうきょうがくだん》やプロの管楽器奏者などが協力して行われた「コロナ下の音楽文化を前に進めるプロジェクト」など、複数の飛沫の実証実験が行われた。

演奏時以外は常にマスク着用。そのため、相手が笑っているのか、怒《おこ》っているのか、お互《たが》いの表情がわかりづらかった。

「全力で楽器を吹いたり、大声で返事をしたり笑ったり、顔を近づけて話し合ったり……。前は当たり前だったことが、もう当たり前じゃなくなっちゃったんだ」

オグオグは、コロナによって部活がすっかり様変わりしてしまったことが悲しかった。

だが、落ち込んでいる暇《ひま》はなかった。ようやく入部してきた1年生を指導しながら部内をまとめ、前進していかなければいけない。それが部長である自分の役割だった。でも、どこに向かっていけばいいのか……？

そんな疑問に答えてくれたのは畠田先生だった。

まだ多くの高校が本番を控《ひか》えていた8月16日に「ふれあいコンサート」を開催することを決定したのだ。会場は、例年コンクールの都大会本選が行われる★府中《ふちゅう》の森芸術劇場どりーむホールだった。

先生がこの時期に敢《あ》えてコンサートを開くことにしたのは、他校から注目される高輪台から「コロナに負けない！」というメッセージを発信するためだった。

★府中の森芸術劇場どりーむホール
東京都府中市にある音楽ホール。3つのホールのうち、「どりーむホール」は2000人を収容する大ホール。

本番当日、約160人の吹奏楽部員はマスクをしてステージに登場した。年間約60公演をこなしてきた高輪台高校だが、２０２０年度はトレードマークの赤ブレを着て本番に臨むのが初めてだった。

しかも、6月に部活が再開されてから2カ月半ほどしか経っていないし、1年生は入部してからの期間自体が短く、充分《じゅうぶん》に練習ができたとはいえない。観客数の制限もあった。

しかし、高輪台高校は自由曲にする予定だった《シンフォニエッタ第4番「憶いの刻」》をはじめ、クラシック曲、ポップス曲、ステージマーチングなど3時間半近いフル仕様のコンサートを披露《ひろう》。リモート合奏した《宝島》も演奏した。

（ステージで演奏するのってなんて楽しいんだろう！　ずっと忘れてた！）

オグオグは喜びを噛《か》みしめた。そして、仲間たちの演奏する楽器の音を全身で感じながら、自分もフルートを吹き鳴らした。

その後も、高輪台は積極的に本番をこなしていった。

特に、秋には大きな本番が多かった。10月18日には、埼玉県立伊奈学園総合高校《さいたまけんりついながくえんそうごうこうこう》や朝霞市立《あさかしりつ》朝霞第一中学校《あさかだいいちちゅうがっこう》、越谷市立《こしがやしりつ》大相模中学校《おおさがみちゅうがっこう》といった埼玉県の中高の強豪校と「秋のジョイントコンサート」を開催。その1週間後の10月25日には、名古屋国際会議場センチュリーホールで浜松聖星高校《はままつせいせいこうこう》・光ヶ丘女子高校《ひかりがおかじょしこうこう》・愛知工業大学名電《あいちこうぎょうだいがくめいでん》高校《こうこう》・習志野高校《ならしのこうこう》という全国大会常連校とともに、ライブ配信の「吹奏楽《すいそうがく》エールコンサート２０２０」に出演した。その日は、くしくも全日本吹奏楽コンクールが予定されていた日だった。

11月8日にはマーチングの強豪校を含む29校が大阪城ホールに集結する「マーチングバンドフェスティバル２０２０」にも参加した。シゲトラはマーチングリーダーとして向日葵《ひまわり》チームをまとめ、夢だった「マーチングの聖地」で演奏・演技を披露《ひろう》することができた。

秋の大きな本番をこなした後で、オグオグはそれらがすべて、オンラインミーティングで3年生が出したリクエストだったことに気づいた。「名古屋国際会議場センチュリーホールで演奏がしたい」「他の学校とジョイントコンサートをやりたい」「大阪城ホールの『緑の床《ゆか》』でマーチングがしたい」という願いは、まさか現実になるとは思いもしなかったが、すべてかなえられたのだ。

オグオグは、その裏側で畠田先生ほか顧問の先生たちがどれほどの力を尽《つ》くしてくれたのかがわかる気がした。コロナ禍で関係各所との交渉《こうしょう》も大変だっただろうし、感染症対策にも気をつかったはずだ。自分たちのために、先生たちは奔走《ほんそう》してくれたのだ。

オグオグは胸が熱くなった。

先生に恩返しをする意味でも、12月24日のクリスマスイブに予定されている定期演奏会を成功させようと思った。

ただ、そのためには気になっていることもあった。あるとき、畠田先生にこんなことを言われたのだ。

「由佳の代は、なかなか自分たちの色が出ないね」

私たちの色？

その代の色、つまり個性は3年生で決まる。かつての先輩たちは圧倒的《あっとう》にハイレベルな演奏テクニックがあったり、仲が良くてしっかりまとまっていたり……とはっきりした色があった。

（じゃあ、私たちはどんな色なんだろう？）

それは自分が部長になったばかりのころにも考えたことだった。

だが、吹奏楽部での生活が終盤《しゅうばん》に差し掛かっているのに、まだオグオグの頭の中にはぼんやりしたイメージしか湧《わ》いてこなかった。コロナ禍で一緒に過ごす時間が短くなってしまったせいで、同期はまとまりに欠けているのかもしれない。

いずれにしても、先生の言葉は「自分たちの色を見つけなさい」というメッセージに違いない。

（卒部するまでに自分たちの色は見つかるのかな……）

残された日数はそう多くはなかった。

ラストステージで見つけた色

本当ならクリスマスイブに引退するはずだったオグオグたちだが、年が明けた2021年2月2日、まだステージに立っていた。しかもそれは、国内外の一流オーケストラが公演を行う由緒《ゆいしょ》正しきコンサートホール、サントリーホール★のステージだった。

題して、『由佳《ゆうか》の代　Final《ファイナル》　Concert《コンサート》　高輪感謝祭～音楽愛に終わりなし!!～』。高校の吹奏楽部がサントリーホールで単独公演を行うのは異例のことだ。

実は、これもオンラインミーティングで3年生から出された「いつもなら絶対乗れないような、特別なホールのステージで演奏してみたい」という希望を、先生たちの尽力《じんりょく》によって実現したコンサートだった。

オグオグたち3年生にとっては、これが東海大学付属高輪台高校吹奏楽部の部員として最後を飾《かざ》るコンサートだ。

本番前、興奮した様子のメグがオグオグに話しかけてきた。

★サントリーホール　東京都港区にあるコンサートホール。

「ねえ、これってやばいよね⁉　私、サントリーホールにウィーン・フィルハーモニー管弦楽団《かんげんがくだん》のコンサートを見にきてめっちゃ感動したんだけど、そのすごい人たちと同じステージで演奏できるんだよ！」

「ほんと最高だよね」とオグオグは微笑んだ。

「つらい1年だったけど、最後の最後にこんな経験ができるなんて、人生わからないね！」

　まわりにいる部員たちもいつになくテンションが上がっていた。

　メグの言うとおり、まだ18年しか生きていないけれど、人生は何が起こるかわからないとオグオグも思った。

　客席の入場制限はあったものの、高輪台の部員たちは大きな拍手《はくしゅ》を浴びながらステージに登場し、コンサートが始まった。

　第1部の「クラシックステージ」では、畠田先生の指揮で吹奏楽オリジナル曲★を5曲演奏した。その中の1曲にアルフレッド・リード作曲の《エル・カミーノ・レアル》があった。フルートを吹くオグオグの後方にはクラリネットのカホがいる。

　この曲では、いつも以上にカホの音がよく聞こえた。

★吹奏楽オリジナル曲
クラシックなどの原曲から吹奏楽用に編曲されたものではなく、元から吹奏楽のために作曲された曲のこと。

オグオグはリハーサルの休憩《きゅうけい》時間にカホが語っていたことを思い出した。

「私たちが1年のときも先輩たちと一緒に《エル・カミ》をやったよね。あのころは先輩たちのすごい演奏についていくだけで精いっぱいで、『先輩たちみたいにうまくなりたい！』って思ったけど、いまの私たちもそういう存在になれてるのかな」

オグオグはフルートを吹きながら、心の中で背後のカホに語りかけた。

（大丈夫だよ。カホは中学時代から努力家だったし、高校に入ってからものすごくうまくなった。私たちの代はみんな本当によくがんばったと思う。後輩《こうはい》たちはその姿を見てくれていたはずだよ！）

誰も経験したことがないコロナ禍《か》で、3年生は悪戦苦闘《あくせんくとう》した。誰もが心が折れそうになったことがある。けれど、顔を合わせられない時期も、吹奏楽がみんなをつないでいてくれた。何が正しくて何がいけないのかわからないときでも、前を向いて進んできた。

3年生の心を支えてくれた曲の一つが、コンサートの第2部で演奏した《明日も》だった。休校期間中にリモート合奏した曲を、サントリーホールという最高のステージでみんなで演奏できる喜びを3年生は噛《か》みしめた。

『痛いけど走った　苦しいけど走った　明日が変わるかは　分からないけど　とりあえずまだ　私は折れない』

オグオグの頭に《明日も》の歌詞がよみがえってきた。

(この歌詞は、本当に私たちそのものみたいだな)

急に当たり前だった日常を奪《うば》われ、明日がどうなるのかわからない日々を送ってきた。部長として何をすべきか、みんなのために何ができるのかを何度も自問した。

やってきたのは、折れずに走り続けたことだ。

コンクールメンバーも、マーチングメンバーも、同期も後輩たちも、みんなが走り続け、「明日」への扉《とびら》を開き続けた。そうしたら、こんなに素敵な「今日」がやってきた。「今日」が素敵だから、これから先に何が起ころうとも、「明日も」と前を向ける！

オグオグはフルートを吹きながら、改めてステージにいる吹奏楽部の仲間たちを感じた。クラリネットのカホ、トランペットのメグやシゲトラ、3年生の仲間たち、かわいい後輩たち、先生……。

そこには高輪サウンドがキラキラ輝いていた。

● 赤ブレを着てサントリーホールのステージでリハーサル。中央がオグオグ、左にカホ

● 卒部式。ダルマを持つオグオグの左隣はシゲトラ。左端が顧問の畠田貴生先生

ふと、「なかなか自分たちの色が出ない」と畠田先生に言われたことを思い出した。いまここにははっきりと「由佳《ゆうか》の代」の色が出ていた。誰よりも努力家だったり、クールだったり、お調子者だったり、常に熱く燃えていたり……良くも悪くも一人一人が個性的だった3年生。長い休校期間の影響もあって一致《いっち》団結というわけにはいかないところもあったけれど、気づけばそれぞれに花を咲かせていた。そう、自分たちで考え出した『開花』というスローガンのとおりに。

違う色の花、違う種類の花が咲き誇《ほこ》る場所。それが「由佳《ゆうか》の代」だ。一つの色ではなく、3年生の花の色に後輩たちの花も加わったカラフルな集合体。

（それが私たちの色だったんだな）

最後の最後に答えが見つかり、オグオグはホッとした。

思い返せば、苦しいことも多い3年間だったし、その際たるものが最後の1年だった。けれど、自分たちはいま、こんなふうに最高の形で吹奏楽部生活のフィナーレを迎えている。

「コンクールに出るからには全国大会金賞を目指すけど、それがすべてじゃない」

いつも畠田先生が言っていたことだ。高輪台は、吹奏楽コンクールにも、マーチングコンテストにも、アンサンブルコンテストにも全力で挑《いど》んできた。それは大きな目標だった。けれど、先生の言葉は正しかった。そのすべてが失われた1年でも、自分たちはこんなにも幸せな思いができた。

（そう、私たちは幸せなんだ！）

オグオグは喜びに包まれながらフルートを吹いた。その音は、仲間たちの音と一体になって、色とりどりにきらめきながらサントリーホールに広がっていった。

エピローグ　明日も！

波乱万丈《はらんばんじょう》だった「由佳の代」は終わった。

オグオグたちは吹奏楽部を卒部し、東海大学付属高輪台高校を卒業した。もう赤ブレや制服を着ることはない。音楽大学への進学を控《ひか》えたオグオグは、自分の部屋で物思いにふけっていた。

ちょうど1年前は臨時休校で、先の見えない日々を送っていた。まったく経験のないオンラインでの取り組みにいろいろチャレンジした。うまくいったことも、うまくいかないこともあったけれど、何もやらないよりはずっとよかったし、自分たちはそれに救われていたのだと思った。

オグオグはスマートフォンを使い、動画共有サイトに残されている自分たちのリモート合奏を再生した。《宝島》に《ディープ・パープル・メドレー》、そして、《明日も》。

自分自身も、ほかのみんなも、必死に演奏しているのが伝わってきた。誰もが手探りだったし、心の底には不安や孤独を抱えていたのだ。その中で、リモートであっても、音楽によってみんなとつながろうとしていた。電子機器や、インターネットや、動画共有サイトなどを通じて手を取り合おうとしていた。

だから、最後はあんな幸せな終わり方ができたのだろう。

「なんかみんなの顔が若いなぁ」

動画を眺めながらオグオグはつぶやいた。

たった1年前のことなのに、画面の中にある表情や姿は初々《ういうい》しく、幼く見えた。自分自身も、いまとはだいぶ違う気がした。

「これって、私が歳《とし》を取ったってことなのかな？」

不思議な感覚だった。

きっとこの1年の経験が自分たちを変えたのだろう。前向きに走り続け、「明日」への扉を開くたびに、自分たちは着実に成長してきたのだ。

4月になれば、3年生のみんなはそれぞれが別の道に進む。どの道も、高校の部活動よりもずっと厳しいだろう。まだコロナ禍も続いているし、先行きがどうなるかはわからない。

でも、高校時代の思い出を胸に走り続けていこう。つらくなったら、このリモート合奏を見よう。きっとあのころのみんなが自分を励ましてくれるはずだ。

そして、折れることなく、扉を開き続けていこう——明日も！

Chapter

3

第三章

仲間がいたから、ひとりじゃないから……

コンクール代替《だいたい》大会で見つけた〝吹奏楽《すいそうがく》する〟意味

水戸女子高等学校吹奏楽部

Mito Girls' High School

水戸《みと》女子《じょし》高等学校《こうとうがっこう》吹奏楽部《すいそうがくぶ》

所在地：茨城県水戸市
設立年：1997年

吹奏楽部紹介　High school band

明るく爽《さわ》やかな演奏スタイルの人気ガールズバンド

水戸女子高等学校は茨城県水戸市に位置する私立の女子校。1931年に創立され、普通科と商業科が設置されている。吹奏楽部は1997年の創部。2006年から外部講師として指導・指揮を務める木《き》村《むら》達《たつ》也《や》先生は、強豪・常総学院高校吹奏楽部が1989年に全日本吹奏楽コンクールに初出場で金賞を受賞したときの部長。2011年の東日本大震災で学校は大きな被害を受けたが、吹奏楽部は東日本学校吹奏楽大会に初出場。明るく爽やかな演奏スタイルでファンも多い。

登場人物紹介　Character

ミワ
Miwa
2020年度
吹奏楽部部長
トランペット担当

ミコちゃん
Mikochan
2020年度
吹奏楽部副部長長
オーボエ担当

ハーちゃん
Hachan
2020年度
吹奏楽部総務長
ユーフォニアム担当

アリちゃん
Arichan
2020年度吹奏楽部
学生指揮者
ホルン担当

モエシ Moeshi
2020年度吹奏楽部
企画長
アルトサックス担当

全国1位のトランペッターと4人の仲間

白い襟《えり》のついた紺色《こんいろ》のセーラータイプのブレザーにタータンチェックのスカート。

背中には黒くて四角く、持ち手やポケットの一部に赤いカラーリングが施《ほどこ》された★Bach《バック》の楽器ケース。

「ミワ」こと関根美羽《せきねみわ》は正門前に立ち、すっかり葉が色づいた大イチョウとモダンなデザインの校舎を見つめていた。

「いよいよ私たちの代か……」

背中に担いだ楽器ケースの中にはトランペットが1本。それほど重い楽器ではないはずだが、この日のミワにはずっしりと感じられた。

「ミ〜ワ〜様！」

「朝っぱらからこんなとこでなに突《つ》っ立っちゃってるの？」

そんな声に振《ふ》り返ると、4人の同級生がミワを見ていた。★オーボエの「ミコちゃん」こと川村美琴《かわむらみこと》、★ユーフォニアムの「ハーちゃん」こと原田華妃《はらだはなみ》、★ホルンの「ア

★Bach
「バック」はトランペットやトロンボーンなどを製造する楽器メーカー。マウスピースや楽器ケースなどのアクセサリーも扱っている。

★オーボエ
木管楽器の一種で、ファゴットと同じダブルリード楽器。楽器名は「高音の木管楽器」という意味。

★ユーフォニアム
金管楽器の一種で、中音域を担当。楽器名はギリシャ語の「良い響《ひび》き」に由来する。比較的《ひかくてき》新しい楽器のため、オーケストラでは使用されないことが多い。ブラスバンドでも活躍《かつやく》。

★ホルン
金管楽器の一種で、中音域を担当。狩《か》りに使われた角笛から発展した楽器。

リちゃん」こと真崎亜理沙《まさきありさ》、アルトサックス★の「モエシ」こと加藤萌《かとうもえ》だ。

「ちょっと、ミワ様はやめてよ」とミワは苦笑いを浮《う》かべた。

「いいでしょ。中学のときはそう呼ばれてたんだから」

ハーちゃんが言った。ハーちゃんとミワは小学校の金管部で出会い、ずっと一緒《いっしょ》に演奏してきた仲だ。

「中3でソロコン《ソロコン》テスト全国大会1位！　ミワ様って呼び方がぴったりでしょ？」

からかうようにハーちゃんが言った。

「ハーちゃんだってすごいくせに！」

ミワは不満げに口をとがらせた。中3のとき、ハーちゃんは全日本ジュニアクラシック音楽コンクールの金管楽器部門で1位になったのだ。

「まあまあ、これからこの5人で五役《ごやく》をやってくんだから、仲良くしようよ」とミコちゃんが言った。

2019年秋。水戸女子高校吹奏楽部《みとじょしこうこうすいそうがくぶ》はオータムコンサートを終え、先輩《せんぱい》の3年生が引退を迎《むか》えた。今後、ミワたち5人が五役と呼ばれる幹部として部活を引っ張っていくことになる。そして、ミワは五役と吹奏楽部全体をまとめる部長だった。

★アルトサックス
木管楽器のサクソフォンの一種で、中音域を担当。

● 多目的室での合奏風景。指導する木村達也先生の後ろには2020年度のスローガンの旗

● 2020年度の五役。左からミワ、ミコちゃん、ハーちゃん、アリちゃん、モエシ

「まだ高2の2学期なのに、五役っていうのもちょっと早い気がするね」

アリちゃんが言った。

「新入部員が入ってくるのも、まだだいぶ先だしなぁ」とモエシも言った。

だが、水戸女子では新五役だけでなく、次のコンクールの自由曲も天野正道《あまのまさみち》作曲の《★「GR《ジーアール》」より シンフォニック・セレクション」》に決まっていた。

「私、思うんだけど、たぶん早くないよ」

ミワが言うと、ほかの4人は顔を見合わせた。

ハーちゃんが真面目な表情になって言った。

「ミワがそう言うなら、間違《まちが》いないよ」

ミコちゃんやアリちゃん、モエシはうんうんとうなずいた。

実は、ミワは高1の秋に部長に選ばれ、すでに1年間、部のトップとして経験を積んでいたのだ。

ミワは言った。

「私たちが目標にしているのは全日本吹奏楽コンクールに出て金賞を受賞することだよね。第一関門の★茨城県大会は来年8月。★東関東大会は9月。そして、全国大会

★「GR」よりシンフォニック・セレクション
OVA作品『ジャイアントロボTHE ANIMATION―地球が静止する日』の音楽を担当した天野正道が、そのサウンドトラックから管弦楽作品《かんげんがくさくひん》として作曲した《交響組曲《こうきょうくみきょく》第2番「GR」》《交響組曲第3番「GR」》を吹奏楽《すいそうがく》版に再構成・編曲。さらに、作曲者自身の手で編曲したものが本作品である。吹奏楽版には、ほかに《交響組曲第2番「GR」より》《交響組曲第3番「GR」より》などがある。

★茨城県大会
正式には「茨城県吹奏楽コンクール」。

★東関東大会
正式には「東関東吹奏楽コンクール」。茨城県・千葉

は10月。その間に新入部員が入ってくるし、イベント出演の予定もあるし、学校行事もあるでしょ。きっといまからでも時間が足りないくらいだと思う」

ミワは大イチョウを見上げた。

あの黄金色の葉がすべて散り、枝だけになり、再び若葉が広がって、やがて再び色づき始めるころ、自分たちはどんな思いでここに立っているのだろう。全国大会金賞という悲願を達成して喜びを噛《か》みしめているだろうか。それとも……。

ミワは、自分たちの前に横たわっている運命が楽しみでもあり、怖《こわ》くもあった。

と、アリちゃんが明るい声で言った。

「ねえ、せっかくだから、ここでアレやろうよ！」

「えっ、ここで……？」

ミワは少し引き気味になった。

「だって、うちら、あのスローガンでやっていくって決めたんだからさ」

アリちゃんはニコニコ笑った。

「よっしゃ、テンション上げていくよ！　集まって集まって！」

ムードメーカーのモエシがみんなをうながし、輪になった。

県・神奈川県・栃木県の4県によって構成される東関東支部のコンクールで、大編成のA部門では全国大会に出場する代表校が決まる。

「では、部長のミワ様、どうぞ！」

「え……」

ミワはまだ戸惑《とまど》っていたが、4人の笑顔を見て覚悟《かくご》を決めた。

「じゃあ、やります。せーの！」

ミワの声に続き、4人が元気に唱和した。

「煌《きらめ》け！」

「水戸女子smile《スマイル》！」

「届け！」

「心からの音楽！」

そして、最後は五役全員で声を合わせた。

「み〜と〜じょ〜し〜、フーッ！」

少女たちの明るい声は秋風とともに舞《ま》い上がり、朝空へと吸い込《こ》まれていった。

1年生部長の苦《く》闘《とう》

２０１８年４月、ミワは水戸女子高校に入学した。

小学校の金管部でコルネット★を吹《ふ》き始めたミワは、中学校の吹奏楽部でトランペットを演奏するようになって才能が開花。「キムタツ先生」こと木村達也《きむらたつや》先生の運営する音楽教室でレッスンも受けるようになり、さらに飛躍的《ひやくてき》に上達した。

中2で全日本中学生・高校生管打楽器ソロコンテストに出場して優秀賞《ゆうしゅうしょう》に輝《かがや》き、両親にご褒美《ほうび》としてBach《バック》の楽器ケースを買ってもらった。中3では日本ジュニア管打楽器コンクール・中学生コースの本選考会（全国大会）で第1位の文部科学大臣賞を受賞した。

「東京藝術大学《とうきょうげいじゅつだいがく》に行って、プロのトランペット奏者になりたい」

ミワはそんな夢を描《えが》き始めた。

国内最高峰《さいこうほう》の芸術系大学である東京藝術大学に進むためには、音大の付属高校や音楽高校に入るという道もあったが、ミワは吹奏楽という音楽も、吹奏楽部という

★コルネット
ブラスバンド（金管バンド。吹奏楽とはまた別の楽器編成）で用いられる金管楽器の一種。吹奏楽でも曲によって使用されることがある。トランペットとよく似た楽器で、高音域を担当する。

活動形態も大好きだった。

そして、キムタツ先生が外部講師として指揮や指導をしている地元・水戸市の水戸女子高校吹奏楽部のコンサートを見にいったときに運命が決まった。

「このキラキラした学校で私も青春したい！」

ミワはそんなあこがれを抱《いだ》き、吹奏楽をやるために水戸女子に進学したのだった。

水戸女子には同じ中学校からハーちゃんも入ったし、ミコちゃん、アリちゃん、モエシといった面々ともめぐり合った。

水戸女子には気合いを入れるときに円陣《えんじん》を組んでみんなで言う伝統のかけ声があった。「み〜と〜じょ〜し〜、フーッ！」と大声を出すのだが、入部当初、ミワたち1年生にはそれがなかなかできなかった。恥《は》ずかしくて弾《はじ》けられないのだ。

「み〜と〜じょ〜し〜……フー……」

先輩たちには「もっと本気でやって！」「元気な声で！」と注意されても、声は小さく、表情も硬《かた》かった。

「ねえ、なかなかうまくいかないね」

ミワは近くにいたアリちゃんに小声で話しかけた。

「うん。でも私、水戸女子に来たら変われるんじゃないかって思ってきたんだ」

「先輩たちみたいに？」

「そう。中学時代は内気だったから、明るく元気になれたらなって」

「そっか。じゃ、一緒にがんばろ！」

先輩たちから「1年生だけでもう1回やってみて」と声が飛ぶ。

ミワとアリちゃんは顔を見合わせてから声を張り上げた。

「み〜と〜じょ〜し〜、フーッ！」

前よりも少し明るく、少し大きな声が出せた気がした。


ミワたち1年生は吹奏楽部に溶《と》け込もうと必死で先輩たちについていった。

吹奏楽部の練習場は多目的室という広い教室だった。そこにはひな壇《だん》★がないため、合奏練習のときに最後列になるトランペットとトロンボーンは机に腰掛《こしか》け、椅子《いす》に足を乗せて演奏していた。こうすると目線がだいたいひな壇に乗っているのと同じ高さになり、先生の指揮も見やすい。だが、机は座るのに適した作りにはなっていないため、練習が長引けば長引くほど体に負担が来た。

★**ひな壇**
合奏をする際、後方の奏者が乗る壇のこと。指揮が見やすくなる。一般的に金管楽器や打楽器が乗る。

「先輩、お尻《しり》痛くないですか？」

あるとき、ミワは同じトランペットパートの先輩に尋《たず》ねた。

「痛いけど、こういうもんだと思ってやってれば慣れちゃうよ」

「はい、慣れですね！」

ミワはお尻をもぞつかせて机の感触《かんしょく》を確かめてから、再びトランペットを構え、息を吹《ふ》き込んだ。


ミワが入部したときから、水戸女子高校吹奏楽部の目標は全日本吹奏楽コンクールに出場し、金賞を受賞することだった。だが、毎年のように東関東大会までは出場し続けているものの、まだ東関東代表には選ばれたことがなかった。

この年、ミワは1年生にして55人のメンバーに選ばれ、コンクールに出場した。

「1年で水戸女子の一員として全国大会に出られたら最高だな」

ミワは必死に練習し、メンバーとして貢献《こうけん》しようとした。

水戸女子は茨城県大会を突破《とっぱ》し、東関東大会に出場。だが、結果は銀賞だった。全国大会出場はまたしても果たせなかった。

部内を揺《ゆ》るがす出来事が起こったのは、2018年のオータムコンサートが終わり、3年生が引退した直後のことだった。

吹奏楽部の練習場である多目的室で開かれたミーティングでキムタツ先生の口から2019年度の五役が発表された。もっとも重要な部長が誰《だれ》になるのか、部員たちは固唾《かたず》を呑《の》んで見守った。

「部長は……関根美羽にやってもらいます」

部員たちがどよめいた。

「えっ、本当にミワちゃん!?」

「まだ1年だよね……」

先輩たちのささやきが聞こえる中、ミワは多目的室の隅《すみ》でうつむき、固まっていた。誰よりもその発表を驚《おど》いていたのはミワだった。

キムタツ先生はこう続けた。

「みんなが戸惑うのもよくわかります。でも、関根は人間的にも、音楽的にもリーダーにふさわしいし、誰よりもこの水戸女子を愛している部員です。誰が部長になっても、水戸女子は水戸女子。ただ、みんなが大好きなこの集団を引っ張っていくのには誰がいちばん適しているのか。その答えは、関根じゃないかと思うんです」

部員たちは沈黙《ちんもく》した。

ミワは顔を上げることができなかった。

(私は入部して7カ月しか経ってないし、上手な先輩やリーダーシップがある先輩もいるのに、それを差し置いて部長なんてできない！)

ミワは小学校の金管部でも、中学校の吹奏楽部でも、部長を経験していた。そのときに感じたことは「自分はリーダーに向いてない」ということだった。人前で話すことも、みんなに指示を与《あた》えるのも、ときには叱《しか》ったりすることも、ミワは苦手だった。だから、高校ではプレイヤーに徹《てっ》しようと思っていたのだ。

ミーティングが終わった後、ミワはすぐにキムタツ先生のところへ行った。

「先生、私には部長をやる自信がありません……」

すると、先生は微笑《ほほえ》みながらミワに言った。

「先生は関根の個人レッスンをしているからとか、ひいきしているからとか、そんなことで部長に選んだわけじゃない。客観的に見て、いまの水戸女子でリーダーにもっともふさわしいのは関根なんです。もちろん、難しいところもあると思うし、プレッシャーもあると思う。それでも、部長をやってみませんか？」

先生にそう言われ、ミワは考えた。

尊敬する先生が自分を選んでくれたことには、きっと深い意味があるだろう。それに、もしかしたらこれは自分の可能性を広げるチャンスかもしれない。1年生から部長をやれる子なんて、きっと全国でもめったにいないはずだ。

けれど、やはり釈然《しゃくぜん》としないものが残った。

「わかりました。水戸女子の部長をやらせていただきます。でも……やっぱり私には自信がありません」

ミワは笑顔になれないまま、お辞儀《じぎ》をして先生の前から立ち去った。


翌日から、ミワを部長とした新体制の水戸女子高校吹奏楽部がスタートした。

五役は、部長、各学年二人ずつ計6人いる副部長のトップである副部長長、総務長、企画長《きかくちょう》、学生指揮者から成る。それぞれに具体的な役割があるが、部長だけは「全体の統括《とうかつ》」というぼんやりした務めしかなかった。

（私、何をすればいいんだろう）

ミーティングのとき、ミワは身の置きどころがなかった。練習中も不安げな表情をしながら戸惑ってばかりいた。いつも先輩たちの視線が気になった。

（きっと私が部長になったことをまだ納得できていない人もいるだろうな……）

そう思うと、よけい体が動かなくなった。

ただでさえ部活は忙《いそが》しいのに、部長になったことでさらに時間がなくなった。東京藝術大学を受験するためには、演奏技術を上げる以外に、★大学入学共通テストの勉強なども必要になる。だが、受験のために使える時間が極端《きょくたん》に減ってしまった。

しかも、部長としてあちこちに顔を出さなければいけないのに、どこへ行っても部長らしくは振る舞えなかった。

（水戸女子で吹奏楽をやると決めて入ったのに……。私、この道で正解だったの？）

受験も、部活も、行き詰《づ》まりかけていた。

その状態はミワが2年生に進級し、新1年生が入部してきてからも続いた。

不安げなミワの姿は吹奏楽部全体に影《かげ》を落とした。いつしか部員たちから明るい笑顔が消え、多目的室には重苦しい空気が充満《じゅうまん》するようになった。

ある日のミーティングで、ミワは意を決して前に立った。

★大学入学共通テスト　通称「共通テスト」。日本の大学の共通入学試験で、「大学入試センター試験」に代わって２０２１年度大学入学者選抜から導入された（２０２１年１月16・17日実施）。

「みんなに話があります」

部員たちの暗い目がミワに集中した。

「いま、部活はすごく良くない雰囲気《ふんいき》になっています。みんなも、きっとそう感じてると思います。それは……全部、部長である私の責任です。本当にごめんなさい！」

ミワは大声でそう叫《さけ》ぶと、深く頭を下げた。

心が決壊《けっかい》し、こらえていた感情がすべて涙《なみだ》になってあふれ出した。

「ごめんなさい……本当に、私……ごめんなさい……」

ミワはみんなの前で声を上げて泣いた。

しばらくの間、静かな多目的室に嗚咽《おえつ》だけが響《ひび》いた。

と、ひとりの3年生が立ち上がった。トランペットパートの先輩だった。

「いま、ミワちゃんが自分の責任だって言ったけど、そうじゃないよね。ミワちゃんはまだ2年生なのにずっとひとりでがんばってきたんだよ」

「先輩、そうじゃないんです。私が力不足だから……」とミワは言った。

「ミワちゃんはよくやってると思う！」

そう断言する先輩を、ミワは驚きながら見つめた。

「ねぇ、私たちがもっとミワちゃんを支えていかなきゃいけないんじゃない?」

先輩がそう問いかけた。

「そうだね」

「みんなでがんばろう」

部員たちは口々に言った。

ミワの涙《なみだ》と先輩の言葉が、吹奏楽部の暗い雰囲気を塗《ぬ》り替《か》えた。いつしか3年生も、2年生も、入ってきたばかりの1年生も、みんなが笑顔になっていた。そして、前に立つミワを見つめる目には優しさが浮かんでいた。

「みんな、ありがとう。先輩方、ありがとうございます。私なりにがんばって部長を続けていくので、これからもよろしくお願いします!」

ミワはまた深く頭を下げた。

(思い切って自分の気持ちを伝えてよかった。やっぱり私は水戸女子が大好き!)

顔を上げたとき、ミワにも笑みが戻《もど》っていた。

その後、ミワには少しずつ部長としての自信が生まれ、リーダーらしさを身につけていった。3年生の先輩たちも、何かとミワを助けてくれた。ミワは「演奏でもみんなを引っ張ろう」とトランペットの腕《うで》にも磨《みが》きをかけた。

2019年の吹奏楽コンクールでは、水戸女子高校吹奏楽部はまたもや東関東大会で銀賞。目標の全国大会出場はならなかった。

秋にはオータムコンサートを行い、先輩たちは「私たちの分もがんばって、来年こそ全国大会で金賞をとってね」と言い残して引退していった。

そして、新たな五役が選ばれた。副部長長にミコちゃん、総務長にハーちゃん、学生指揮者にアリちゃん、企画長にモエシ。そして、部長は引き続きミワ。

スローガンは3年生みんなで考え、「煌《きらめ》け！　水戸女子smile《スマイル》届け！　心からの音楽」に決まった。

「何より私たちの音楽を聴《き》いてくれるお客さんを大事にしよう」

「水戸女子の笑顔と音楽、思いを届けよう」

「過去一の伝説のチームになろう」

新生水戸女子高校吹奏楽部は希望に満ちあふれていた。

五役が決まっただけでなく、すでに次のコンクールの自由曲も決定していた。

天野正道作曲《「GR」より シンフォニック・セレクション》だ。

その年の全日本吹奏楽《すいそうがく》コンクールで熊本県の★玉名女子《たまなじょし》高校吹奏楽部《こうこうすいそうがくぶ》が演奏し、金賞を受賞しており、玉名女子の演奏をCDで聴いたミワがキムタツ先生に「これがやりたいです」と提案したのだ。印象的なトランペットソロから始まる曲だけに責任重大だったし、みんなが気に入ってくれるかミワは心配だった。

ミーティングで先生が《GR》の音源を流した。

「良い曲だね」

「なんかジーンとくる」

みんなも《GR》を気に入ってくれたようで、ミワはホッとした。

ミーティングが終わった後、多目的室で五役が集まった。

「最高の《GR》を演奏して、代々の先輩たちも目標にしてきた全国大会金賞を、私たちの代で絶対かなえようね！」

ミワは言った。

「全国大会出場、私たちならできそうじゃない⁉」

ムードメーカーのモエシがそう言うと、「うん、できそう！」「できるできる！」

★玉名女子高校吹奏楽部
熊本県の私立の女子校。全日本吹奏楽コンクール・全日本マーチングコンテスト・全日本アンサンブルコンテストという「三大大会」で優秀な成績を収め続けている、全国トップレベルの強豪《きょうごう》バンド。

とほかのみんなも盛り上がった。

「ねぇ、ミワちゃん。全国大会では表彰式《ひょうしょうしき》で一緒にステージに出て、金賞の賞状とトロフィーをもらおうね」

ミコちゃんがそう言い、ミワは「うん！」とうなずいた。

全国大会の表彰式に出るのは部の代表二人。他のメンバーは客席からそれを見ることになる。

「ミコちゃん、ちょっと待ってよ。ミワ様と一緒に表彰式に出るのは小学校からの付き合いで、総務長のこの私でしょ？」

ハーちゃんが言った。

「いやいや、副部長長の私です」とミコちゃんは譲《ゆず》らない。

「いやいや、企画長の私が！」とモエシが割って入る。

5人で顔を見合わせ、思わず吹き出した。

そうやってふざけながらも、ミワはみんなの瞳《ひとみ》の中でメラメラと炎《ほのお》が燃えているのを感じた。みんな、本気で全国大会出場を狙《ねら》っていたのだ。

コロナの暗《くら》闇《やみ》の中で

年が明けて2020年、悲願の全国大会初出場に向けて水戸女子高校吹奏楽部は日々全力で練習に打ち込んでいた。

ところが、予想もしなかった事態がミワたちを待ち受けていた。新型コロナウイルスの感染拡大だ。

3月2日から全国の小・中・高校で一斉《いっせい》に臨時休校となり、ミワたちは多目的室に集まって練習することができなくなった。

「いったい何が起こっているんだろう……」

ミワには日本中で、いや、世界中で起こっていることがうまく理解できなかった。

とにかく、春休みまで学校がストップしてしまうというのは総理大臣からの要請《ようせい》で、ミワたちにはどうすることもできない。

不安な気持ちのまま、五役はスマートフォンでビデオ通話をした。

「本番がたくさんなくなっちゃったね……」

モエシが悲しそうに言った。

水戸女子はコンクールでの全国大会金賞を目標にしていたが、演奏会やイベントに出演して笑顔と音楽を届けること、お客さんを心から楽しませることも大切にしていた。お客さんからもらう拍手《はくしゅ》や歓声《かんせい》が「これからもがんばっていこう！」という原動力になった。

ところが、コロナの影響《えいきょう》で予定されていた本番はほとんど白紙となってしまった。

「寂《さび》しい。みんなに会いたい……」とハーちゃんは言った。

「先が見えなさすぎるよ」とアリちゃんは瞳を潤《うる》ませながらつぶやいた。

「これからどうすればいいんだろうね」とミコちゃんはため息をついた。

画面越《ご》しに4人の様子を目にして、ミワは胸が痛んだ。

「とにかく、いまはそれぞれできることをやっていこうね」

そう言って、通話を終えた。

授業がない分、学校から送られてくるプリントやパソコンを使っての課題があった。また、部活が再開されたときのために《GR》や課題曲、イベントのために準備していた曲などの練習をしておく必要もあった。

それ以外にミワは大学入学共通テストのための受験勉強や東京藝術大学の実技試験のための楽器練習などに取り組んだ。学校や部活があるときと比べて集中して取り組めたし、疲《つか》れたときは気分転換《きぶんてんかん》にネットで映画を見たりした。

「ずっと部活で忙しかったけど、こういう時間も悪くないな」

ふと、そう思った。だが、同時に部活の仲間たちの顔が浮かんできた。

「みんなは悲しんでるのに……」

ミワの胸がチクッと痛んだ。

春休みまでと言われていたはずの臨時休校は、4月以降も続いた。そして、4月16日からは全都道府県に緊急事態宣言《きんきゅうじたいせんげん》が発出された。

ほとんどの時間を家で過ごしていたミワだが、一度車で母親の実家へ行く機会があった。道すがら見かけたショッピングモールの駐車場《ちゅうしゃじょう》は、普段《ふだん》ならいつも満車で外まで列ができていることもあるのに、ほとんど車が停まっていない状態だった。まるで廃墟《はいきょ》のようだった。

「本当に、大変なことになってるんだな……」

ミワはそう実感した。

休校が長期化するにつれて、練習や受験勉強にも身が入らなくなっていった。

ふと、「みんなに会いたい」というハーちゃんの声が頭によみがえってきた。

その声に続いて、五役や部員のみんな、キムタツ先生の顔が浮《う》かんできた。多目的室いっぱいに笑顔と音楽があふれていたころが、もう遠い昔のようだった。

「私も、みんなに会いたいよ。ひとりで音楽するって、こんなに張り合いのないものだったんだ……」

ミワは肩《かた》を落とした。

5月10日、全日本吹奏楽連盟の公式サイトに吹奏楽コンクール中止の知らせが掲《けい》載《さい》された。

SNSでその情報を得たミコちゃんが五役に連絡《れんらく》し、ビデオ通話でつながった。

「覚悟はしてたけど、コンクール、なくなっちゃったね」

ミワがそう切り出すと、沈黙が流れた。

「全国大会に行こうって言ってたのにね。このチームで名古屋に行きたかった」

声を震《ふる》わせながらモエシが言った。

「先輩に『次こそ全国行きます！』って約束したのに……」

ハーちゃんは唇《くちびる》を噛んだ。

「ね、県大会もないの？　県大会だけでもやってくれないかな？」

アリちゃんが言った。

再び沈黙が流れた。せめて県大会があったら、とみんなが思った。と同時に、全国大会という目標につながらない大会に出ることに意味があるのだろうか、とも思った。そして、自分たちがその疑問に答えを出したとしても、コンクールが復活するわけではないこともわかっていた。

すべてが虚《むな》しかった。

「私、お風呂《ふろ》でずっと泣いちゃった。あぁ、ミワちゃんと一緒に全国大会の表彰式に出たかったな」とミコちゃんがしみじみ言った。

私だって――。

ミワには、自分たちがずっと大切にしてきたものが崩《くず》れ去っていく音が聞こえた。

6月になり、ようやく休校が解除された。

久しぶりに多目的室に吹奏楽部員たちが集まった。マスクをつけ、ソーシャルディスタンスや換気《かんき》に気を配りながらも、部員たちは再会を喜んだ。そして、新入部員も例年より多く27人も入ってきてくれた。

五役を中心にミーティングを行った。

ミワは真剣《しんけん》な表情で見つめている部員たちに向かって語りかけた。

「みんなも知っているとおり、今年、私たちの大切な目標だったコンクールがなくなってしまいました。夏までに予定されていた本番もほとんど白紙です。きっとまだショックから抜《ぬ》け出せない人、やる気が出ない人もいると思います」

多目的室は静まりかえった。

「でも、私たちはコンクールのためだけに吹奏楽をしているわけではありません。11月には大事な大事なオータムコンサートがあります。この先、何が起こるかわからないけど、オータムはできると信じてみんなでがんばっていきましょう」

ミワのスピーチの後、円陣を組んだ。そして、五役に続く形で全員が唱和した。

「煌《きらめ》け！」

「水戸女子smile《スマイル》！」

「届け！」

「心からの音楽！」

「絶対にオータム成功させるぞ！」

「シャーッ！」

気合いが入ったところで、全員でいつもの掛け声をした。

「み〜と〜じょ〜し〜、フーッ！」

全部員約60人の声が多目的室に響いた。

やはり声の大きさや明るさは以前ほどではなかったし、マスクのせいでよけいくぐもって聞こえた。本当なら目標は「全国金賞」だったのに、「オータム成功」に言葉を変えて言った。

ミワにはいまさらながらコンクールがなくなったという事実が信じられず、まるで違う世界線に迷い込んでしまったような気になった。たった3カ月前まで、疑いもせずに全国大会に向かって突っ走っていたというのに。

けれど、円陣を組んで他の部員の存在を感じ、温かさを感じ、声を合わせたことで、ミワの気持ちは切り替わった。

（こんなときこそ、部長の私がしっかりしなきゃ！）

円陣の後、キムタツ先生が言った。

「久しぶりに全員が集まったので、合奏をしましょう。一緒にやりたかったよね？」

わぁっと喜びの声が上がった。

全員が楽器を準備し、キムタツ先生の指揮で《宝島《たからじま》》を演奏した。吹奏楽の定番曲であり、水戸女子でもコンサートのたびに演奏してきた曲だ。休校期間の鬱憤《うっぷん》を晴らすように、みんなが思い切って楽器を奏でた。ミワはトランペットを吹きながら、周囲から響いてくる仲間の音に鼓膜《こまく》や肌《はだ》がピリピリ震えるのを感じた。

（あぁ、なんて気持ちがいいんだろう！）

一人で練習していたときの張り合いのなさを思い出した。

（仲間と吹奏楽ができるのって本当に幸せなことなんだな）

見ると、多くの部員が涙をこらえながら演奏していた。

（水戸女子のみんなと一緒なら、乗り越《こ》えていけるかもしれない）

ミワのトランペットの音がひときわ大きく多目的室に響いた。

私には仲間がいるから

学校と部活が再開されてから1カ月も経たないころ、思いがけない話が吹奏楽部に舞い込んできた。中止となったコンクールの代わりに、茨城県だけで独自の「茨城県学校吹奏楽コンテスト」という大会が開催《かいさい》されるというのだ。日程は8月30日。審査《しんさ》はあるが、代表が選ばれたり上位大会に進めたりすることはない。出場人数はコンクールのA部門と同じ55名まで。課題曲なし、自由曲のみで演奏時間は8分以内、という条件だった。

「出たい！」

その話を聞いたとき、ミワは反射的にそう声を上げた。

だが、隣《となり》にいたモエシがこうつぶやいた。

「でも、もうコンクールはないって、気持ちを切り替えちゃったよね……」

モエシの言うとおりだった。3年生は高校生活最後の年にコンクールを奪《うば》われた悔《くや》しさと悲しさを味わい、必死にそれを乗り越えて前を向こうとしていた。なのに、いまさら独自のコンテストを目指すことが正しいことなのだろうか？

「正直言うと、受験も気になる」

ミコちゃんが言った。

「ミワちゃんもそうでしょ？　藝大目指してるんだし……」

「あ、うん……」

ミワは、モエシやミコちゃんの言葉で迷いを覚えた。五役だけでなく、ほかの3年生も、後輩《こうはい》たちも、みんなが迷っていた。

「投票しよう。正直な気持ちを書いてください」とミワが言った。

コンテストに出場したいか、したくないか、一人一人紙に書いた。開票してみると、過半数が「出場したい」という意見だったが、反対意見も少なくなかった。

「一応投票の結果は出たけど、多数決で強引に決めたくないから、改めて意見を聞かせてください」

ミワがそう言うと、ポツリポツリと反対意見が聞こえてきた。

「上位大会のないコンテストは目標にならないと思います」

「オータムの準備に集中したほうがいいんじゃないでしょうか」

「55人で参加するコンテストより、全員で取り組めることを優先したいです」

どれももっともな意見だった。他にも様々な意見が出た。

ミワはみんなの言葉に耳を傾《かたむ》けながら、自分の考えをまとめようとした。水戸女子にとって何がプラスなのか。後悔《こうかい》しない決断は何なのか——。

そして、口を開いた。

「反対する人の気持ちもよくわかります。でも、これってチャンスじゃないか、って私は思います」

みんながミワに注目した。

「なくなったと思った吹奏楽コンクールが、こんな形でまた私たちのところに戻ってきてくれた。きっと茨城の先生たちが私たちのためを思ってこのコンテストを考えてくれたんだと思う。私はこれをチャンスだと思うし、与《あた》えてもらったチャンスは逃したくないです」

ミワの「チャンス」という言葉が空気を変えた。

「コンテストがあるだけでも茨城の学校は恵《めぐ》まれてるんじゃない？」

「今年の思い出にもなるし、来年以降の財産にもなるよね」

「コンクールの熱さを今年も味わいたいし、後輩たちにも経験してほしい」

次々と肯定的《こうていてき》な意見が出た。それを受けて、もう一度ミワが言った。

「このコンテストに出ても、私たちが目標にしていた全国大会金賞は達成できません。でも、来年、ここにいる1、2年生がそれを達成するために、コンテストに出ましょう！」

その後、再投票が行われた。全員が「出場したい」と紙に書いていた。


いざコンテストに出場すると決まっても、多くの困難にぶち当たった。

部員数が約60人の水戸女子では、1年生もメンバーとして多数出場することになるが、コロナのせいで入部が大幅《おおはば》に遅《おく》れたため、練習期間が3カ月もない状態で本番を迎えることになる。6月は感染症対策《かんせんしょうたいさく》で分散登校だったこともあって、メンバー全員が集まって合奏練習することもなかなかできなかった。

もっとも厳しかったのは、このコンテストでは本番の演奏時にソーシャルディスタンスを求められることだ。各奏者が2メートルずつ離《はな》れなければならない、とされていたのだ。

実際に練習で2メートル離れて演奏してみたところ、その間隔は想像以上に遠かった。お互《たが》いの存在が感じづらく、息を合わせて音の出だしをそろえたり、音程やハーモニーを合わせたりすることが難しかった。

「こんなの初めてだね」

「どうやったらうまく演奏できるんだろう……」

限られた時間と状況《じょうきょう》の中、ミワたちは悪戦苦闘《あくせんくとう》した。

そして、8月30日、茨城県学校吹奏楽コンテストが開催された。会場は水戸市のザ・ヒロサワ・シティ会館★だった。

「いよいよだね」

「全国大会金賞の代わりに、ここで金賞をとろうよ！」

水戸女子高校吹奏楽部のメンバーは気合いを入れて会場に乗り込んだ。

やはり例年の吹奏楽コンクールの流れとは勝手が違っていた。コンクールでは、控室《ひかえしつ》でチューニングや音出しをした後、舞台袖《ぶたいそで》へと移動し、前の団体の演奏が終わるまで待機する。ステージから聞こえてくる演奏に一喜一憂《いっきいちゆう》したり、他校とすれ違

★ザ・ヒロサワ・シティ会館
茨城県水戸市にある大小のホールや集会室などを備える多目的施設《たもくてきしせつ》。

うときに中学時代の友達と顔を合わせたりするのもコンクールならではだった。

けれど、茨城県学校吹奏楽コンテストでは他校と一切接近しないような配慮《はいりょ》がなされていた。控室を出ると、舞台袖を通過してそのままステージへと案内された。他校の演奏を聴くどころか、姿を見ることもなかった。

ミワは移動の途中《とちゅう》、ホルンを抱《かか》えたアリちゃんと目が合った。

(待機なしですぐに演奏なんだね。心の準備ができてないよ)

アリちゃんの目はそう語っていた。

ミワも同じ気持ちだったし、きっと他のメンバーもそうだろうと思った。

ステージ上には、椅子と譜面台《ふめんだい》がギリギリいっぱいまで広がって配置されていた。座ってみると、2メートルという距離《きょり》は練習のときよりさらに遠く感じた。

(こんなに寂しくて、心細いものだなんて……)

トランペットの首席《トップ》奏者の位置であるひな壇の中央に座ったミワは不安に襲《おそ》われた。

会場は無観客で、ガランとした客席が不気味だった。客席の奥《おく》のほうに、数名の審査員が座っているのが小さく見えた。

（なんだかホール練習みたい。これが本番なんだよね？）

ユーフォニアムのハーちゃんは戸惑いを隠《かく》せなかった。

（水戸女子はお客さんに心からの音楽を届けることを大切にしてるのに、お客さんがいない……。でも、せめて審査員の先生方には届けよう！）

ステージの最前列に座ったモエシはアルトサックスのマウスピースキャップをはずし、演奏に備えた。

ミワはトランペットのピストンをカチャカチャと押《お》し、その感触を確かめた。演奏するのは、昨秋から練習してきた《「GR」よりシンフォニック・セレクション》だ。曲はトランペットのソロから始まる。

ミワは緊張《きんちょう》していた。よく人からは「全然緊張しないよね」「プレッシャーに強いね」と言われる。だが、実際は練習のときであっても、ソロを吹くときは緊張していた。人にはそれを気づかれないだけなのだ。ソロコンテストの全国大会も経験したが、どんな工夫をしても、緊張しないというのは無理だった。

（緊張するからこそ集中した演奏ができるんだよね。緊張、ウェルカムだ）

ミワはいつも本番前、自分にそう言い聞かせ、メンタルをコントロールしていた。

茨城県学校吹奏楽コンテストは大編成の本番で、審査がある真剣勝負の場ということもあり、いつも以上に緊張を感じた。

（どうしよう、部長の私がいきなり最初のソロでミスしたら……）

ミワは青ざめながら楽譜《がくふ》をめくった。と、そこに書かれた文字が目に飛び込んできた。本番前日、楽譜を貼《は》り付ける赤い台紙に、みんなでメッセージを書き合った。いちばん目立つところにあったのは、クラスメイトでもあるクラリネット担当のハナちゃんのメッセージだった。

『ミワちゃん、ソロで泣かないでね。ハナのお昼ご飯、冷やし中華《ちゅうか》』

ミワは思わずプッと噴《ふ》き出しそうになった。

（ハナちゃんってば、なに冷やし中華《ちゅうか》って！　全然関係ないじゃん！）

台紙にはほかにもたくさんのメッセージがあった。

『ミワちゃんの音が好きだよ』

『いつも部長としてがんばってくれてありがと』

『ソロがんばってね』

気づくと、ミワに覆《おお》いかぶさっていた緊張感は引き潮のように去っていた。

(みんな、ありがとね。私には仲間がいるから……みんながいるから大丈夫《だいじょうぶ》！)

真剣な表情をしたキムタツ先生が指揮台に上がり、両手を胸の前に挙げた。

(いよいよだ！)

楽器を構えるのはミワただひとり。ひんやりした金属製のマウスピースが唇《くちびる》に触《ふ》れ、指をしっかりピストンに乗せる。先生と目が合った。

ミワはその瞬間《しゅんかん》、確信した。

(水戸女子に入ったことが正解だったのかなって思ったこともあるけど、私の選択《せんたく》は間違ってなかった！)

先生の手がゆっくりと動き、ミワは楽器に息を吹き込んだ。哀愁漂《あいしゅうただよ》うメロディが真っ暗なホールに響いていった。その美しい調べに誘《さそ》われるように木管楽器のハーモニーが加わった。

やはり、みんなが遠い。音もテンポもそろえにくい。でも、このまぶしいステージの上には先生と54人の仲間がいる。その存在はしっかり感じられた。

金管楽器が力強く鳴り始め、打楽器がリズムを刻んでいく。

キムタツ先生の指揮に合わせ、水戸女子サウンドがステージに弾けた。

（私たち、いま、青春してるなぁ！）

夢中で演奏しながら、ミワは思った。

休校期間中、練習に身が入らなくなっていったのは仲間がいなかったからだ。自分がここまでがんばってこられたのは、いつもそばにみんなのがんばる姿、みんなの笑顔や元気な声があったからだ。仲間の存在そのものが、励《はげ》ましだった。

コロナは一時期、ミワからその仲間を奪った。それと同時に、ミワに仲間がどれほど大切なものだったのかを教えてくれた。

（ありがとう、みんな。この感謝の思いを、私の音で届けるよ！）

銀色に輝くミワのトランペットから、ひときわ澄《す》んだ音色が響き出した。

コンクールより短い、わずか8分間という演奏時間は刻々と過ぎていった。

水戸女子の奏でる《GR》は、ときに激しく、ときに流麗《りゅうれい》に、ガランとした空席だらけのホールを満たしていった。エンディングの感動的なメロディに、ミワは鳥《とり》肌《はだ》が立ち、自然と目が潤んだ。最後に、ティンパニの連打に乗せて、管楽器が低い音を長く伸《の》ばした。キムタツ先生が右手を振り上げるのを合図に、水戸女子高校吹奏楽部の演奏は終わった。

先生にうながされ、55人が立ち上がった。いつもならここで拍手や「ブラボー！」が聞こえてくるところだ。だが、目の前には暗がりと静寂《せいじゃく》が広がるばかり――。

と、パチパチ……と小さな音が聞こえてきた。メンバーが目を向けた先には審査員がいた。わずか数人ではあるが、笑顔で拍手してくれているのがわかった。手を高く挙げ、称賛《しょうさん》を示している審査員もいた。

ミワは思わず笑顔になった。

（ありがとうございました！）

ミワは心の中でそう叫び、先生や仲間たちとともにステージを後にした。


演奏後も、コンクールとは違って会場に残って表彰式に参加することはできず、すぐにバスで学校へ帰ることになっていた。

ミワの隣にはクラリネットのハナちゃんが座った。

「ハナちゃん、お疲れ様！」とミワは言った。

「あっ、ミワちゃん。ソロよかったよ！」

「ハナちゃんのメッセージのおかげだよ。冷やし中華！」

「でしょ～？　でもさ、演奏、途中で音が散っちゃったところあったよね？　2メートル離れて吹《ふ》くのはやっぱ厳しかった～」

「うん。コロナ対策をしたコンテストって初めてだし、いろいろ難しかったね」

お互いに反省点を口にしながらも、なんだか楽しかった。

ミワはシートから腰《こし》を浮かせ、車内を見渡《みわた》した。メンバーの顔はほんのり上気し、充実《じゅうじつ》した良い表情になっていた。

悩《なや》んだり迷ったりしたけれど、参加してよかったとミワは思った。


学校に戻り、メンバーは多目的室に集まった。

モニターには、さっきまで演奏していた会場のステージが映し出されていた。茨城県学校吹奏楽コンテストがライブ配信されているのだ。

「もうすぐ結果発表始まるよ！」

「やばいやばい、みんな早く集まって！」

部員たちはモニターの前に集結した。

上位大会があるわけではないのに、ミワは胸の鼓動《こどう》が激しくなった。それだけ真剣に練習を重ね、本番に挑《いど》んだということだった。

（私たちの《GR》はどんな評価を受けるんだろう）

手は汗《あせ》でビチョビチョだった。

誰もが固唾を呑んで、モニターから聞こえてくるアナウンスに耳を傾けた。

「水戸女子高等学校——ゴールド金賞！」

その瞬間、多目的室に「キャーッ！」という歓声が上がった。部員たちは抱《だ》き合い、ハイタッチをし、喜びをあらわにした。そこここで笑顔がきらめいていた。

ミワは部長としての大きな役割が一つ果たせた気がした。

隣にいたミコちゃんが話しかけてきた。

「ミワちゃん、やっぱりゴールド金賞、ステージの上で聞きたかったね」

「うん。でも、私たちの音楽がちゃんと審査員の心に届いたってことだよ」

「そうだね！」

二人は顔を見合わせ、笑い合った。

理想にはいつも手が届かなくて

夏が過ぎ、校内の大イチョウの葉が色づく秋になった。

11月23日、水戸女子高校吹奏楽部はオータムコンサートの当日を迎えた。会場は茨城県学校吹奏楽コンテストと同じザ・ヒロサワ・シティ会館。ホールは感染症対策のための入場制限で満席にはできなかったが、インターネットでライブ配信もすることになった。

全国大会金賞に代わって部員たちが最大の目標にしてきたのがこのオータムコンサートだ。そして、3年生はこのコンサートを最後に引退することになっていた。

やはりコロナの影響で練習や準備が思うようにできず、苦労も多かったが、全員が「オータムを成功させよう」という強い思いでやってきた。

コンサートの冒頭《ぼうとう》には、全部員とキムタツ先生、顧問《こもん》の先生がステージに登場し、大きく広がって円陣を組んだ。

「み〜と〜じょ〜し〜、フーッ！」

いつものかけ声がホールに響くと、客席から拍手が送られた。

1曲目は、休校明けに合奏した思い出の《宝島》だった。その後、《★ノアの方《はこ》舟《ぶね》》《ディープ・パープル・メドレー》《★ディズニー・アット・ザ・ムービー》とプログラムは進んでいった。

そして、5曲目に《「GR」より シンフォニック・セレクション》を演奏した。曲は、ミワのトランペットソロから始まった。

1年前の秋から練習し続けてきた曲。予想もできないことが次々と起こったこの1年間の思い、ミワたち3年生は3年間の思いを込めて《GR》を演奏した。曲の途中、部員たちは次々と手のひらや制服の袖で涙を拭《ぬぐ》った。つらいこともたくさんあった。我慢《がまん》を重ね、感情を押し殺したこともあった。それ以上に、コロナ禍《か》であってもみんなで部活をする喜びや演奏の楽しさを感じることができた。

そのすべてが音に乗り移ってホールに響いた。

《GR》の演奏が終わり、先生の合図で全員が立ち上がった。客席からは惜《お》しみない拍手が送られた。目頭を押さえている観客もいた。

「煌《きらめ》け！　水戸女子smile《スマイル》　届け！　心からの音楽」

★《ノアの方舟《はこぶね》》
樽屋雅徳《たるやまさのり》が作曲した吹奏楽オリジナル曲。

★《ディズニー・アット・ザ・ムービー》
『美女《びじょ》と野獣《やじゅう》』『ライオン・キング』『アラジン』『リトル・マーメイド』などのディズニー作品から14曲をメドレーにした作品。

そのスローガンのとおり、ステージでは笑顔《スマイル》がきらめき、心からの音楽が観客に届いていた。

（みんな、スローガン達成したね！）

ミワは胸の前でトランペットを構えてひな壇の中央に立ち、深い喜びに浸《ひた》った。

コンサートの終盤《しゅうばん》では、五役がステージの最前列に出て挨拶《あいさつ》をした。

ミワ、ミコちゃん、モエシ、ハーちゃん、アリちゃんの順にマイクを持ち、この1年に起こったことや感じたこと、後輩へのメッセージを語っていった。それぞれの言葉を、後ろにいる部員たちは目を潤ませながら聞いた。

そして、最後にもう一度ミワがマイクを握《にぎ》った。原稿《げんこう》は読まないと決めていた。伝えたい思いは、すべて心の中にあった。

まるでトランペットでソロを吹くときのように、ミワは力強く語り始めた。

「いままでずっと、嬉《うれ》しいときは一緒に喜んで、悲しいときは優しく声をかけてくれて、ダメなことははっきりダメだと伝えてくれて、うまくいかないときは『一緒にがんばろう』と背中を押してくれる仲間がいました。仲間がいたから、ひとりじゃないから、がんばることができました」

ミワは頬《ほお》を濡《ぬ》らす涙を拭うこともせず、語り続けた。

「理想にはいつも手が届かなくて……。それでも『うまくなりたい！』『強くなりたい！』『もっともっとがんばりたい！』と思えたのは、同じ気持ちの仲間がいつもそばにいたからです。ありがとう」

感情がたかぶり、声が震えた。

「3年生は今日で引退となります。こんなにたくさんの拍手をもらえるのも、今日が最後です。水戸女子をいつも応援《おうえん》してくださった方々《かたがた》、演奏を楽しみにしてくれている皆《みな》さまのために、どんなにつらいときでも『がんばろう！』と思うことができました。顧問の先生方、私たちがやりたいことを思い切りできるようにと、いつも私たちのことを考えてくれました」

ミワはスピーチしながら、心の中でこう叫んでいた。

（引退したくない！　まだまだみんなと一緒に吹奏楽していたい！）

部員たちがすすり泣いているのがわかった。時間を巻き戻して、もう一度入部したころに戻りたかった。

● 木村先生の指揮で、オータムコンサートで熱演を披露する水戸女子高校吹奏楽部

● 多目的室にて小顔に見えるポーズ。最前列中央は木村先生と顧問の鈴木歩先生

これで人生が終わるわけではない。もう二度とみんなに会えなくなるわけではない。けれど、体が引き裂《さ》かれるような悲しみをミワは感じた。

「お父さん、お母さん。水戸女子で夢を追いかけると決心した私を、ずっと見守って応援してくれました。まわりにいるたくさんの人たちのおかげで私たちは成長することができました。3年間、本当に、本当に、ありがとうございました！」

ミワが深々とお辞儀をすると、五役も一緒に頭を下げた。客席からは温かい拍手が送られた。

こうして2年間にわたるミワの部長としての役割は終わった。

3年生は自分たちが果たせなかった「全国大会金賞」という悲願を後輩たちに託《たく》し、ステージを後にしたのだった。

エピローグ　いつだってひとりじゃない

２０２１年、春。

背中にＢａｃｈ《バック》の楽器ケースを背負ったミワは正門前に立っていた。

ただ、目の前にあるのは大イチョウとモダンな校舎がある水戸女子高校ではない。

歴史を感じさせる立派なレンガ造りの門柱が立ち、そこには「東京藝術大学」という銘板《めいばん》が掲《かか》げられていた。

「いよいよ大学生になるんだ……」

ミワは門の先に広がるキャンパスを感慨深《かんがいぶか》く見つめた。

「ミ〜ワ〜様！」

もうそんなふうに声をかけてくる仲間はいない。

トップレベルの学生ばかりが集まる厳しい環境《かんきょう》で、プロを目指してさらに演奏技術に磨《みが》きをかける日々《ひび》が始まるのだ。

もちろん、不安はある。東京での新生活は心細い。

けれど、いまのミワには感じることができた。

ミコちゃん、ハーちゃん、アリちゃん、モエシ、同期の仲間たちがそれぞれ新しい道を歩み出していること。後輩たちがいまだにコロナに苦しめられながらも、自分たちが託《たく》した「全国大会金賞」を目指してキムタツ先生と練習に励んでいること
――。

「みんな、私もがんばるね。離れ離れでも、仲間がいるから、ひとりじゃないから」

ミワは楽器ケースを背負い直し、力強い足取りでキャンパスの中へと進んでいった。

Chapter

4

第四章

全国大会さでっぞ！

コロナ禍《か》を乗《の》り越《こ》え、たった12人で挑《いど》む 56年ぶりの全国大会

山形県立鶴岡工業高等学校吹奏楽部

Tsuruoka Technical High School

山形県立《やまがたけんりつ》鶴岡《つるおか》工業《こうぎょう》高等学校《こうとうがっこう》吹奏楽部《すいそうがくぶ》

所在地：山形県鶴岡市
設立年：1959年

吹奏楽部紹介　High school band

全国大会出場歴を持つ山形の小さな吹奏楽部

山形県立鶴岡工業高等学校は、作編曲家・真島《ましま》俊夫《としお》としても知られる山形県鶴岡市に位置する共学の公立校。1920年に創立され、100年を越える歴史を持つ。地元では「鶴工」の愛称で親しまれ、水泳部など運動部が強豪として活躍。応援団とともに総務部を構成している吹奏楽部は1959年創部で、1964年に全日本吹奏楽コンクールに初出場。2020年度の部員数は12人（男子二人、女子10人）。顧問は2018年に着任した地元出身の増子《ますこ》牧《まき》先生。

登場人物紹介　Character

ツブ　Tsubu
2020年度吹奏楽部部長
フルート/ピッコロ/
パーカッション担当

アカリ　Akari
2020年度吹奏楽部副部長
トランペット/ホルン/
ユーフォニアム担当

タッちゃん　Tatchan
2020年度吹奏楽部部員
クラリネット担当

ツブと初心者先生

トレードマークはベリーショートのヘアスタイルにメガネ、ズボン。

「ツブ」こと児玉円《こだまつぶら》は自分のことを「オレ」と呼ぶ。ツブが生まれ育った山形県鶴岡市《やまがたけんつるおかし》では、中高年の女性が「オレ」という一人称《いちにんしょう》を使うことがある。ツブも小学校のころから自然と自分をそう呼ぶようになった。

鶴岡市は米どころとして知られる庄内平野《しょうないへいや》の南部に位置し、鶴《つる》ヶ岡城《おかじょう》の城下町だ。市街地の外側には田園が広がっており、冬になると吹雪《ふぶき》で目の前が見えなくなることもある。そんなのどかな鶴岡の風景の中で、ツブはのびのびと育った。

中学校ではバレーボール部に入っており、吹奏楽《すいそうがく》の「す」の字もなかった。

高校は地元の鶴岡工業高校《つるおかこうぎょうこうこう》に進学することにした。以前兄が通っていて、なんだかその様子が楽しそうに見えたからだ。情報通信科でプログラミングやハードウェア技術を学んでみたいという思いもあった。

２０１８年４月、ツブは鶴岡工業高校に入学した。

女子の制服にはスカートとズボンがあり、ツブはズボンを選んだ。通学で使う自転車がこぎやすいし、自分にはズボンのほうが合っていると思った。冬が寒いこともあって、ズボンを選ぶ女子は他にもいた。鶴岡工業のワイシャツは製図などに使う方眼紙が柄《がら》としてデザインされていて、ツブのお気に入りだった。

(問題は部活だな。オレ、何部さ入っがな★……。バイトもしたいし)

迷っているとき、新入生向けの部活紹介《ぶかつしょうかい》が行われた。吹奏楽部はたった8人の部員が登場し、演奏を披露《ひろう》した。

ツブは「吹奏楽部って普通《ふつう》こんな少ないっけ?」と思ったが、楽しそうに演奏する先輩《せんぱい》たちの姿が目に焼き付いた。特に、ドラムがカッコよく見えた。

(みんな仲良さそうだし、部活体験だけ行ってってっがな)

ツブは思い切って音楽室に行ってみることにした。そこにはツブのほかに新入生が二人いた。男子と女子だ。

と、髪《かみ》の長い女子が話しかけてきた。

「はじめまして! 私、高梨灯李《たかなしあかり》。アカリって呼んでいいよ。そっちは?」

いきなり笑顔でグイグイくるアカリのテンションの高さにツブは圧倒《あっとう》された。

★何部さ入っがな
ツブや鶴岡工業高校吹奏楽部員、増子先生が話すのは庄内弁。同じ山形県内でも内陸の山形弁とは異なる。

「お……オレは児玉円。みんなにはツブって呼ばれてた」

「そっか。じゃあ、ツブ、よろしくね！　ねえ、ツブは楽器は何やってたの？」

「オレ、経験なくて。中学はバレー部だったんだ」

「へえ、初心者か。私はトランペット」

そう言うと、アカリは囁《ささや》き声になった。

「本当はもう吹奏楽やめっがなって思ってたんだ。でも、ここの吹部《すいぶ》の演奏、めっちゃ楽しっけっちゃ？　だから、高校でも続けてみようかなって」

「オレも！　演奏、楽しかった！」

ツブは笑顔で答えた。このアカリという子とは仲良くなれそうだと思った。

そこへもう一人の新入生の男子がおずおずと近づいてきた。

「あの、僕《ぼく》は五十嵐達哉《いがらしたつや》です。よろしくお願いします……」

男子は人のよさそうな笑みを浮《う》かべながらそう言った。

「達哉か。じゃあ、タッちゃんでいいね！」

アカリは男子にも遠慮《えんりょ》なくハイテンションで接した。タッちゃんは若干引き気味になっており、助け舟《ぶね》を出すようにツブが言った。

「タッちゃん……は吹奏楽経験者？」

「僕、初めてです」

「じゃあ、オレと同じだ。中学では何やってたの？」

「パソコン部でした」

それを聞くと、ツブとアカリは顔を見合わせ、「……っぽい」と笑った。

「ま、初心者だってがんばればすぐうまぐなるよ。同じ1年生同士、仲良くやってこうね！」

唯一《ゆいいつ》の経験者であるアカリは、余裕《よゆう》の表情でそう言った。

すると、音楽室にもう一人の「初心者」が入ってきた。この年、新たに他の学校から転勤してきた増子牧《ますこまき》先生だ。

先輩部員とツブたち新入生が整列すると、先生が前に立った。先生も少し緊張《きんちょう》しているようだった。

「新しぐ吹奏楽部の顧問《こもん》になった増子です。担当教科は音楽だぁんけど、吹奏楽は中学のどぎにやったぐれで、高校は合唱、大学では声楽どごやっていました。教員さなってからも合唱部の顧問してきたもんだはげ、吹奏楽の指導は初めてです。んだから、みんなと一緒《いっしょ》に先生も吹奏楽どご勉強して、一緒に成長していぎでなと思ってます。んだば、よろしぐの～」

先生が話し終わったとき、先輩のひとりが「先生、すげえ訛《なま》ってますね」と言った。

「んだかの～？　訛ってっがの～？」

増子先生が笑顔になってそう言うと、みんなが笑った。

(アカリ、タッちゃん、増子先生、先輩たち……。ここなら楽しくやっていかれそうだ)

こうしてツブの吹奏楽ライフは始まった。


鶴岡工業高校吹奏楽部には3人の1年生が入り、合計11人になった。

ツブは担当楽器として打楽器《パーカッション》を希望していたが、メインの担当がフルート、掛《か》け持ちでピッコロ★とパーカッションと決まった。アカリはトランペットとホルンになった。部員数の少ない鶴岡工業では、曲に合わせて何人かの部員は楽器を持ち替《か》えて演奏しなければならないのだ。タッちゃんはクラリネットの専属となった。

ツブは初めて経験するフルートの演奏に苦戦した。始めたばかりのころはまとも

★ピッコロ
木管楽器の一種で高音域を担当。フルートより1オクターブ上の音が出る。通常、フルート奏者が持ち替《か》えて演奏する。

に音を出すことすらできなかった。

フルートは金属製の楽器だが、木管楽器の一種で、唄口《うたぐち》という穴に息を吹《ふ》き込《こ》んで音を出す。ビンやペットボトルの口に横から息を吹《ふ》き当てると音が出るのと同じ原理だ。だが、いくらツブが息を吹き出しても、フルートからはボーボーという空気の音がするだけで、ピーッという楽器本来の高い音がなかなか出なかった。

(このままじゃまずい……)

ツブは部活が終わった後、フルートを家に持って帰って必死に自主練習をした。

まだフルートもまともに吹けないのに、ツブはピッコロの練習もしなければならなかった。ピッコロはフルートの約半分の30センチほどの長さしかない小さな楽器だ。音の出し方やキーの押《お》さえ方はフルートと同じだが、唄口もキーも小さいため、フルートが吹けたからといって即《そく》ピッコロが吹けるわけではない。

さらに、パーカッションも練習しなければならない。

(せめて楽器が1個だったらな。オレ、どれも満足に演奏できねぞ……)

ツブは暗澹《あんたん》たる気分になった。

一方、初心者のタッちゃんもクラリネットの演奏に悪戦苦闘《あくせんくとう》していた。

クラリネットはフルートとは違《ちが》い、マウスピースに装着したリード★を振《ふ》るわせて音を出す。見た目は大型のリコーダーを思わせる縦笛だが、楽器に息を入れすぎると割れた音になるし、息が足りないとリードが震《ふる》えずに音が出ない。また、リードミスといって、ときどき急にキーッという耳障りな音が出てしまう。美しい音をキープしながら吹くのが難しい楽器なのだ。

音楽室の隅《すみ》っこでツブが個人練習しているとき、タッちゃんが話しかけてきた。

「僕、クラリネットってリコーダーみたいに吹けるもんだと思ってた」

ツブは笑顔になって答えた。

「オレも、フルートは優雅《ゆうが》にピロピロ〜ッと吹けるようになると思ってた」

タッちゃんも同じ思いをしていたのがわかり、ツブはホッとした。

見れば、少し離《はな》れたところでアカリが真っ赤な顔をしてホルンを吹いていた。ベルから飛び出す音は何度もひっくり返り、安定しなかった。ホルンは「世界一難しい金管楽器」としてギネスブックに認定されているだけに、トランペット経験者のアカリでもそう簡単には吹けないのだ。

「アカリも苦労してるな。タッちゃん、オレたちもがんばっぞ」

★リード
薄《うす》い葦《あし》の板。クラリネットやサックスなどシングルリード楽器はリードが1枚、オーボエやファゴットなどダブルリード楽器は2枚となっている。

ツブはそう言うと、再びフルートの練習に戻《もど》った。

うまく吹けないながらも、ツブはフルートの練習が嫌《いや》ではなかった。特に、吹奏楽部ならではの個人練習というものが好きだった。

バレーボール部では、最低でも二人でペアにならないと練習ができなかった。でも、吹奏楽部では個人練習が当たり前だ。教則本や楽譜《がくふ》に向かって、ストイックに黙々《もくもく》と取り組むのは、ツブの性《しょう》に合っていた。

(なかなかうまくなれねえけど、オレは吹部に入って正解だった気がする)

ふと窓越《まどご》しに音楽室の外を見ると、犬を連れた老人がのんびりと通り過ぎていくところだった。鶴岡工業高校は、校内が近所の人の散歩コースになっていたり、子供たちが吹奏楽部の練習を覗《のぞ》きにきたりするおおらかな学校だった。

ツブはそんな日常風景に心を癒《いや》された。

少しでも早く上達しようと、ツブは自宅で自主練習をするだけでなく、朝は早く登校して朝練をした。昼休みも、お弁当を大急ぎで食べて昼練をした。授業中にはシャーペンを楽器に見立てて指を動かす練習をした。

そんな努力が実を結び、少しずつフルートが吹けるようになっていった。そして、フルートの練習に余裕が出た分で、ピッコロやパーカッションを練習した。

吹奏楽の世界に「コンクール」というものがあるのを知ったのはそのころだ。

「バレー部をやってたころは全日本中学校選手権大会さ目標にがんばってだけど、吹奏楽部にもそういうのがあるんだな」

ツブがそう言うと、アカリが自慢《じまん》げに教えてくれた。

「コンクールの頂点は全日本吹奏楽コンクールっていう全国大会なんだけど、それに出るには地区大会で代表に選ばれて、★山形県大会で代表に選ばれて、最後に★東北大会で代表に選ばれなきゃいけねんだよ」

「そりゃ大変《よいでね》だ」

「うんだ。東北6県で代表になれるのは3校だけなの」

「高校野球より厳しいな！」

ツブにとって全日本吹奏楽コンクールは遠い遠い夢のように感じられた。

「ところが、この鶴工《つるこう》が全国大会に出たことがあるんだよ！」

アカリはそう言って、ツブを壁際《かべぎわ》へ連れていった。

★山形県大会
正式には「全日本吹奏楽《すいそうがく》コンクール山形県大会」。吹奏楽コンクールは名称《めいしょう》や規則が厳密には統一されておらず、地域によって微妙《びみょう》な差異がある。

★東北大会
正式には「東北吹奏楽コンクール」。

そこには1枚の白黒写真が古めかしい額縁《がくぶち》に入れて飾《かざ》られていた。写っているのは、全員丸刈《が》りの男子。ステージ上で楽器を演奏をしている。人数は50人ほどいるだろうか。

その写真の下にはこう書かれていた。

『全日本吹奏楽コンクール第12回全国大会　1964』

「ほんとだ！　すげえ！」

ツブは思わず声を上げた。野球部で言えば、甲子園《こうしえん》に出たようなものだ。

「1964年って親も生まれてねえのー。で、オレたちもこの全国大会さ目指すのが？」

ツブが聞くと、アカリが詳《くわ》しく教えてくれた。

「全国大会はA部門っていう大編成の部門にしかないの。うちらは30人以下の★B部門に出るから、東北大会の先は★東日本学校吹奏楽《すいそうがく》大会っていう大会なの」

「東日本か……。30人以下っていっても、オレたち11人しかいねえだろ？」

「うん。B部門でも人数的に不利だし、この調子じゃね～」

二人が音楽室を見ると、部員たちがキャッキャッと声を上げてはしゃいでいた。

★B部門
大編成（55人以下）のA部門に対し、B部門は小編成部門のこと。地域によってB部門は35人以下や30人以下など違いがあるが、東日本学校吹奏楽大会に出場できるのは30人以下。

★東日本学校吹奏楽《すいそうがく》大会
30人以下の小編成の最上位大会。北海道・東北・東関東・西関東・東京・北陸という6つの支部が参加して開催《かいさい》されている。

● 音楽室の壁に飾られている1964年に全日本吹奏楽コンクールに出場した際の演奏写真

● 正門前に実習用の作業着姿で整列した12人の部員。中央左からタッちゃん、ツブ、アカリ

アカリは声をひそめて言った。

「鶴工はこの5年間、B部門で地区予選止まりらしいよ」

「うーん、そうが……」

「ま、仲良いし、楽しいし、私はこの吹部が好きだけど」とアカリは言った。

「オレも。でも、こんな大人数で全国大会ってところで演奏したらどんな音になるんだろうな。楽しそうだな」

ツブが白黒写真を見ながら言うと、アカリもうなずいた。

「鶴工って、全国大会に何回出だごどがあるんだ？」とツブが聞いた。

「さあ……」とアカリは首を傾《かし》げた。

「鶴工が全国大会さ出だのは1964年の1回だあんどや《きりだ》」

背後から声がして振り返ると、いつの間にか増子先生が立っていた。

「さすが先生。詳しいですね！」とアカリが言った。

「いやいや、先生も吹奏楽のごどはよぐわがんねながら調べだあんや。やっぱりツブちゃんとアカリちゃんは全国大会さ出でみであんが《てみたいか》？」

先生にそう聞かれ、ツブは改めて白黒写真に目を向けた。コンクールも、全国大会も、初めて知った世界だ。それでも、みんながあこがれる全国大会というすごい場所があるなら行ってみたい、とツブは思った。

「先生も、二人ど同じ吹奏楽1年生だ。一緒に勉強して、一緒に成長して行ぐはげの〜。それで、一緒に全国大会さ行けだらいいぜの〜」

人懐《ひとなつ》こい笑みを浮かべる先生に、ツブとアカリは「はい！」と元気に答えた。

コンクールの地区予選は7月中旬《ちゅうじゅん》だった。

大会が近づいてくると、部活はキリッとした雰囲気《ふんいき》になっていき、練習する先輩たちの横顔も真剣《しんけん》さを増していった。

ツブとタッちゃんは楽器の基本的な演奏技術は身についていたが、大会までにコンクール曲を吹けるようにならなければいけなかった。B部門は課題曲がなく、コンクールで演奏するのは自由曲1曲★だけだが、それでも初心者の二人にとっては大変なことだった。アカリも、トランペットは問題なかったが、ホルンをしっかり演奏できるようになる必要があった。3人の1年生は懸命《けんめい》に練習を重ねた。

また、増子先生も部員たちの熱意に応えるように合奏で指揮を振り、ときには合

★自由曲1曲だけ
B部門は演奏は1曲、7分以内と規定されている。

唱で培《つちか》った歌声を使いながら指導した。

そして、地区大会当日がやってきた。

会場である鶴岡市内のホールに着くと、そこには緊張感と高揚感《こうようかん》が入り混じった空気が漂《ただよ》っていた。

他校の部員たちが足早に行き来しているのが見えた。出番を終えてプレッシャーから解放され笑い合っている者もいれば、演奏で失敗したのか顔を真っ赤にして泣いている者もいた。みんなでピースサインをしながら記念撮影《きねんさつえい》しているグループもいた。みんなで輪になって顧問の先生の話を聞いている学校もあった。

吹奏楽コンクール特有の風景を初めて目にしたツブは驚《おどろ》いた。

(コンクールってもっと上品におとなしくやるもんだと思ってだけど、文化部なのにやたら熱いんだな)

鶴岡工業はみんなで楽器を運び込《こ》み、楽屋でチューニングや音出しをした。本番が徐々に近づき、プレッシャーが高まった。ツブの目に、タッちゃんの青い顔が映った。初のコンクールを前に、極度の緊張に襲《おそ》われているのだろう。

(きっとオレも同じくらい青い顔してるあんやの《んだろうな》……)

楽屋を出ると、薄暗《うすぐら》い舞台裏《ぶたいうら》に案内された。反響板《はんきょうばん》の向こうから他校の演奏が聞こえてくる中、全員並んで待機し、いよいよ鶴岡工業の出番がやってきた。

ステージに出た瞬間《しゅんかん》、ツブは足がすくんだ。想像していたよりもホールは大きく、深かった。広い客席はざわつき、たくさんの観客が蠢《うごめ》いていた。ステージには譜面《ふめん》台《だい》と椅子《いす》が並んでいたが、ツブはあまりの緊張でどこが自分の席なのか、どこをどう歩いていてそこへたどり着けばいいのかもわからないほど混乱した。

ようやく椅子に座っても、ツブは浮《う》き足立ったままだった。

（これがコンクールか。客席のどこかで審査員《しんさいん》の先生たちが見でるんだな……）

譜面台の上に置いた楽譜を開こうとしたが、手が震えてうまくできなかった。

まごまごしているうちに、天井から吊《つ》り下がった照明がカッと明るくなり、ツブたちのいるステージを照らし出した。

（始まるんだ！　落ち着かなきゃ！）

すぐ目の前には指揮台があった。増子先生が客席に向かってお辞儀《じぎ》をし、そこに立った。ツブは深呼吸をしてから楽器を構えた。先生が両手を胸の高さに上げ、指揮を始めた。

演奏が始まると同時に——ツブの意識は途切《とぎ》れた。

約7分間の演奏が終わったとき、残ったものは7分間の空白だった。そんな経験をしたのは人生で初めてだった。ただ、ぼんやりと「どうやら大きなミスはしなかったようだ」という感覚だけはあった。

すべての出場校の演奏が終わると、会場で表彰式《ひょうしょうしき》が行われた。

「鶴岡工業高等学校——ゴールド金賞！」

11人の部員たちは「ワーッ！」と歓声《かんせい》を上げた。それだけでなく、地区代表にも選ばれ、山形県大会に出場することが決まった。6年ぶりのことだった。

本番の記憶がないツブは心の底からホッとした。そして、アカリやタッちゃんと「やったね！」「よかった！」と喜び合った。

「次の県大会、山形市らしいよ」とタッちゃんが言った。

「本番の前の日はお泊《と》まりだよ、お泊まり！」

アカリはいつも以上にハイテンションだった。

「ホントで!?　旅行みでぇだの〜！　よし、県大会でも東北大会でも代表になって、東日本なんとかに行くぞ！」

ツブがそう言うと、アカリとタッちゃんが「おーっ！」と声を合わせた。

続く県大会は、約2週間後の7月下旬《げじゅん》だった。会場は県庁所在地である山形市のやまぎん県民ホール。前日から会場の近くに練習場所を借りて最終調整をするため、鶴岡工業の11人と増子先生はバスに乗って学校を出発した。

鶴岡市から山形市までは約100キロ。2時間ほどかかる。全員そろっての初めての遠出で、みんな興奮気味だった。

1年生3人と増子先生は前のほうのシートに座っていた。

「僕、アドレナリンが出すぎて、昨日の夜眠《ねむ》れねがったんだ」

タッちゃんが言った。

「タッちゃんは極端《きょくたん》だよのー。そこまでテンション上げなくてもいいのに」とアカリが言った。

「だって、パソコン部ってコンクールとか遠征《えんせい》とかねーじゃんか？　僕、こういうの初めてだがら……ウゥッ！」

「何したなや、タッちゃん⁉」と増子先生が慌《あわ》てて聞いた。

「バスに酔《よ》ったかも……ウゥゥッ！」

「えーっ！」

「ちゃんと寝《ね》ながらだぁんね！」

「ちょっ、なんか袋《ふくろ》、袋！」
2、3年生がバスの旅で楽しそうに盛り上がっている一方、1年生と先生は大騒《さわ》ぎになったのだった。

タッちゃんのバス酔い騒動《そうどう》もあって、逆にツブやアカリはリラックスして山形市に入ることができた。

翌日の県大会本番も、ツブは地区予選のときのように緊張に押しつぶされることもなく、冷静にステージに臨んだ。客席の様子や審査員の存在に浮き足立つこともなかった。

そして、増子先生の指揮をよく見ながらしっかりと楽器を吹けた。先輩たちも、タッちゃんやアカリたちもいつもより良い演奏をしているのがわかった。

（これだば代表さなって東北大会さ行げっがな？）

演奏が終わった後でツブはそう思った。

県内の各地から集まったすべての高校が演奏を終え、表彰式になった。固唾《かたず》を呑《の》んで見守るツブたちの耳に、アナウンスが響《ひび》いた。

「鶴岡工業高等学校――銀賞」

県代表どころか、金賞にも手が届かなかった。厳しい現実を突《つ》きつけられた。

表彰式が終わってホールの外に出ると、ツブは自分が空っぽになったような気がした。

(終わっどぎはあっけねもんだな。オレたちのコンクールはここまでか)

すると、体の中から熱く燃えてくるものがあった。

(吹奏楽やってる人たちがコンクールに夢中になるのがわがったぞ。あんなにみんながんばって、良い演奏したのに……。この悔《くや》しさを、放っておけっか! オレはもっとうまくなりでえ! もっともっと上を目指しでえ!)

いつの間にか、ツブはすっかり吹奏楽の虜《とりこ》になっていた。

コロナさ負げるのはイヤだ！

鶴岡工業高校吹奏楽部は8月29日に定期演奏会を行い、3年生が引退した。

コンクールと定期演奏会という大きな本番をこなしたことで、ツブたち1年生は大きく成長した。

そして、同じく「吹奏楽1年生」の増子先生も指導に慣れ、少しずつ独自の練習法を取り入れていくようになった。

毎日の練習の最初には腕《うで》立《た》て伏《ふ》せのような体勢で体幹を鍛《きた》えるトレーニングやラジオ体操をした。★楽器を演奏するための基《き》礎《そ》的《てき》な筋力や体力を養いながら、ウォーミングアップをするためだ。また、片足を上げた状態でメトロノームのテンポに合わせてスーハーとブレスする「呼吸法」も取り入れた。

合唱の指導をしていた増子先生ならではの練習がハミングだ。

ハミングは、先生のピアノに合わせてドレドという3音を鼻歌で歌い、半音ずつ上がっていく。声帯を温めるために合唱で行われているトレーニングだが、先生が

★楽器を演奏するための基礎的な筋力や体力
演奏には重量のある楽器をしっかり支えたり、スティックやマレットを振ったりする筋力が必要になる（軽いと思われがちなフルートやクラリネットでも腕や肩への負担は決して少なくない）。また、定期演奏会では10曲前後演奏することが多く、それだけの曲数をこなすにはある程度の体力がいる。

鶴岡工業でやってみたところ、楽器の音が良くなったことから練習法の一つとして定着した。

「SNSを積極的に使いたい」というツブやアカリの提案も先生が認めてくれたので、日ごろの活動や演奏を公開するようにした。ツブたちは吹奏楽部の姿が全世界に向けて発信されていることにワクワクし、「いいね」が一つ付くごとに喜びを感じた。それは「見られている」という適度な緊張感と、「より良いものを見てもらいたい」という向上心にもつながった。

定期演奏会の宣伝用のチラシ写真も、増子先生のアイデアで工業高校らしく全員で実習用の作業着を身につけて撮影《さつえい》した。その写真をSNSにアップしたところ、「面白い」「ユニークでいい」と話題になった。

2019年になり、ツブたちは2年生に進級。新たに1年生も入ってきて、鶴岡工業高校吹奏楽部の活動はさらに楽しく、充実《じゅうじつ》したものになっていった。

ツブはみんなで音を合わせ、リズムに乗り、美しいハーモニーを奏でる吹奏楽の楽しさに没頭《ぼっとう》した。演奏技術はだいぶ上達していたし、増子先生の指導にも手応えを感じていた。アカリは楽器がトランペットからユーフォニアムに変わったが、「ユーフォのほうが合ってるかもしれない！」と楽しそうに練習していた。部員たちは相変わらず仲良しだった。

ところが、この年の吹奏楽コンクールでは、地区予選で敗退という予想外の結果に終わった。

ツブは悔《くや》しさで泣きじゃくった。

（みんな仲が良いのは大事なごどだ。でも、オレたちの音楽で感動を与《あた》えだり、評価されだりするだめには、それだげじゃダメなんだな……）

ツブはそう痛感した。

コンクールの後、8月の定期演奏会で3年生が引退。とうとうツブとアカリ、タッちゃんが最高学年になった。

部員で新部長を選ぶ投票をし、ツブが選ばれた。

（初心者で入部したオレが部長なんかやってもいいあんろが）

そんなためらいもあったが、ツブはみんなを信頼《しんらい》していた。

（鶴工吹部なら、オレが何かヘマしても、きっとみんなが支えてくれっろ！）

いつだって兄弟のように過ごしてきたアカリとタッちゃんがそばにいてくれる。

「吹奏楽1年生」から一緒にがんばってきた増子先生はもはや同志のような存在だ。

（オレ、もう「練習を一生懸命がんばってる」なんて思うのはやめよう。がんばるとか、がんばらないとかじゃなく、うまくなろう！）

ツブは心にそう誓《ちか》った。


年が明け、2020年になった。音楽室の外は真っ白い雪で覆《おお》われていた。

ふと増子先生が壁の白黒写真を指差しながら部員たちに向かって言った。

「ここさ《ここに》『全日本吹奏楽コンクール第12回全国大会　1964』って書いであっじゃん。56年前の1964年は何があった年だがわがっが～？」

部員たちは顔を見合わせたが、わかる者はいなかった。

「1964年って言えば、東京オリンピックだじゃんか。して、今年は何あっけ？」

「東京オリンピック！」

今度は部員たちは声を合わせて答えた。

「んだ。前の東京オリンピックの年に鶴工は全国大会さ出でるあんがら、今年も全国大会さ出るあ《ょ》ん《ぅ》ぞ〜。56年ぶりだ」

　みんなは笑った。

「出よう出よう！」とアカリがハイテンションで言った。

（ま、冗談《じょうだん》だよな）

　ツブも笑いながらそう思った。

（でも、もし今年、本当に全国大会さ出られたら……）

　夢はふくらみかけた。だが、昨年は地区大会止まりで、部員数が10人ちょっとしかいない鶴岡工業がどうやって全国大会に出られるのかと考えると、やはりそれは現実的な話とは思えなかった。

（ともかく、部長にもなったし、最後の1年は全力でがんばっぞ！）


　ところが、まったく思いもしなかったものがツブたちを待ち受けていた。

　新型コロナウイルスだ。

　当初、コロナは大都市部を中心に感染が拡大しており、鶴岡市ではまだ一人も感染者が出ていなかった。しかし、3月からは全国一斉《いっせい》の臨時休校で学校も部活もストップした。

いつものんびりした雰囲気の鶴岡のまちだが、得体の知れない感染症《かんせんしょう》の到来《とうらい》でどことなくピリピリしたムードになった。マスクだけでなく、小麦粉やホットケーキミックスまでが買い占《し》められた。市民の不安の表れだった。

ツブたち吹奏楽部員はそれぞれ可能な限り楽器を持って帰り、自宅で練習をした。また、「気が滅入《めい》らないように」という増子先生の配慮《はいりょ》で吹奏楽部だけに出された宿題をやった。3月の卒業式も、4月の入学式も、予定されていた吹奏楽部の演奏はなしになった。臨時休校が延長され、先が見えない日々が続いた。

4月中旬《ちゅうじゅん》になると鶴岡市では桜が満開になる。例年なら鶴岡公園《つるおかこうえん》や大宝館《たいほうかん》といった観光名所に多くの観光バスがやってくるが、この年は眺《なが》める人がほとんどいない中、ただ桜だけが咲《さ》いていた。

「このままだど鶴工吹部が滅《ほろ》んでしまうがもしぃね……」

ツブは不安になった。ただでさえ部員が少ないのに、1年生は入部もできていない。練習もできない。まったく先の見通しが立たなかった。部長として、何もできない無力さも感じた。

増子先生の発案で、他校が動画共有サイトにアップしているものを参考にリモート合奏もやってみた。それぞれが自宅で演奏を録画し、先生がまとめて編集。動画共有サイトで流したのだ。擬似的《ぎじてき》なものとはいえ、みんなで音を合わせるのは久しぶりだった。

動画が公開された後、ツブたち3年生と増子先生はグループ通話をした。先生はしみじみとこう言った。

「やっぱりみんなで音楽どこつくるのは楽しいの～。んだけどや、本当はみんなが同じ場所で笑い合いながらやるのがいちばんだよね」

そのとおりだとツブも思った。みんなに会えないと、まるで自分の中から感情が一つ消えたみたいだった。個人練習をしているときも、他の何かをしているときも、いまひとつ元気が出なかった。

5月10日には、吹奏楽コンクールの中止が発表された。

先生から連絡《れんらく》を受けたツブは、思わず唇《くちびる》を噛《か》んだ。

「最後のコンクールは絶対金賞どことって、上の大会さ行ぐって決めてた。だなさ、なんでだなや!?　いくらうまくなっても、その成果はどごで発揮すればいいんだ!?」

ツブは部屋で一人泣いた。初心者で入部してからいままで積み重ねてきたものが、音を立てて崩《くず》れていく気がした。

「オレたちはコロナさ負げるあんが？　そんなのイヤだ！」

コンクール中止という事実をまったく受け入れられなかった。けれど、部長としてやらなければならないことがあった。

ツブは部員全員に向けてメッセージを送った。

「コンクールはなくなった。けど、挫《くじ》けてられないから、オレたちにできることを探してがんばろうぜ」

文字では精いっぱい前向きなことを書いた。だが、送信し終わるとまた涙《なみだ》が流れ、ツブはメガネを外してそれを手で拭《ぬぐ》った。

6月に入り、ようやく学校と部活が再開された。鶴岡工業高校吹奏楽部には新入生が4人入部。総勢12人となった。

マスクをした部員たちが久しぶりに音楽室に集まった。くっつき合って再会を喜んでいると、増子先生に「密だよ」と注意された。もともと人数が少ないため、練習するときにソーシャルディスタンスで困ることはなかったが、窓は頻繁《ひんぱん》に開けて換気《かんき》をし、手指などの消毒にも気をつけた。

大きな目標だったコンクールが中止になっただけでなく、3年生が引退する8月の定期演奏会も当面は延期となった。コロナの状況《じょうきょう》や政府の対応がどうなるか見通しが立たず、日時も会場も未定だった。

(オレたちの最後の年なのに、このまま何もなく終わるあんでねが《んじゃないか》……)

ツブの不安は増した。

ふと、音楽室の壁に飾られた白黒写真に目が留まった。

「前の東京オリンピックの年に鶴工は全国大会さ出でるあんがら、今年も全国大会さ出るあんぞ〜。56年ぶりだ」

以前先生が言った言葉がツブの頭によみがえってきた。しかし、56年ぶりの東京オリンピックも翌年に延期となった。

「やっぱりオレたちには全国大会なんか無理だったたな……」

ツブは深いため息をついた。

56年ぶりの全国大会へ！

ある日、「相談があるんだけど」と増子先生が3年生を集めた。

「こういう大会あるあんど《あるんだ》や。出でみっが？」

先生は3人にスマホの画面を見せた。そこには『日本管楽合奏《にほんかんがくがっそう》コンテスト』と書いてあった。3人とも知らない大会だった。

「予選は音源審査で、それを通過すれば全国大会さ出られる。会場は東京の★文京《ぶんきょう》シビックホールってどごろだ。今年はコロナだがら、全国大会は動画審査で、結果発表もネットになるらしいあんけど、全国の強豪校《きょうごうこう》も出でる大会だぞ。A部門っていうのが小編成で、B部門が大編成。んで、なんと去年から3人以上15人以下のS部門っていうながでぎだあんど《のができたんだ》や。鶴工さぴったりだあんねが？」

増子先生はそう言うと、3人の顔を見回した。

ツブたちは突然《とつぜん》の情報に戸惑《とまど》っていた。確かに、吹奏楽コンクールだとたとえB部門でも人数の少ない鶴岡工業は不利だが、日本管楽合奏コンテストのS部門は15

★**文京《ぶんきょう》シビックホール**
東京都文京区にある文京シビックセンター内に設置されたホール。

人以下だから、12人ならほぼ対等に戦える。ただ、音源審査や動画審査はいままでに経験がなかったし、強豪校《きょうごうこう》が参加するというのも気にかかっていた。

アカリが珍《めずら》しく低いテンションで言った。

「うちらで大丈夫《だいじょうぶ》かな？　今年はコンクールがないから、きっとみんなこのコンテストに応募《おうぼ》すると思うよ……」

すると、タッちゃんは笑みを浮かべながら言った。

「でも、コンクールの代わりになるから、僕は嬉《うれ》しい」

「ツブちゃんは？」と先生が聞いた。

メガネの奥《おく》でツブの瞳《ひとみ》が光った。

「オレ……やってみたいです！」

全国大会という響きが、ツブの心をつかんでいた。

「よし、やってみっが！」

先生の声に、久しぶりに3人が満面の笑顔で「はい！」と応えた。

まずは日本管楽合奏コンテストの予選用の音源づくりからスタートした。

曲は、吹奏楽コンクールで演奏する予定だった松下倫士《まつしたともひと》作曲の《ラメント〜旧約《きゅうやく》聖書《せいしょ》「哀歌《あいか》」に基《もと》づいて〜》に決めた。ラメントとは「哀歌《あいか》」という意味で、旧約聖書に登場する物語をもとにした悲劇的な曲だ。

先生が他校の演奏を聴《き》かせてくれた。

(すんげえ暗い曲だな)とツブは思った。

先生は楽譜を配り、曲の解説をしてくれた。

「この曲は旧約聖書さ出てくる物語がもとになった悲劇的な曲だ。栄えていた国が他の国からの攻撃《こうげき》で滅亡《めつぼう》するんだげど、絶望の中から最後に小さな光や希望が見えでくるんだ」

(んだがら、暗いのか。なんかオレたちのいまの状況《じょうきょう》に似でるがも……)

ツブはそう思うと、俄然《がぜん》《ラメント》に魅力《みりょく》を感じ始めた。自分たちの経験したつらさや悔《くや》しさ、このコンテストにかける思いを反映できるかもしれない。

先生は楽譜に従って「ここは人々《ひとびと》が苦しんでいるところ」「ここは光に向かって手を伸《の》ばしているところ」と解釈《かいしゃく》を示してくれた。ツブたちはそれを頭に入れて練習を開始した。

みんなで合奏してみると、苦しみや希望を音楽で表現するのが難しかった。

「哀歌っていうくらいだがら、もともとは歌なんだ。みんな、いつも練習でハミングしてっろ？　ああいうふうに、楽器で歌うつもりで演奏してみでくいね〜」

そんな増子先生のアドバイスに従い、12人の部員たちは《ラメント》をつくり上げていった。

応募締《し》め切り日は9月下旬。例年ならばすでに3年生は引退している時期だが、ツブたちは真剣に練習を重ね、音源の録音日を迎《むか》えた。場所は地元のホールだ。

コンクールのように会場で生演奏するのと違い、録音は時間が許す限りやり直しができる。しかし、ちょっとしたミスでも記録されてしまい、それが審査に直結する。コンクールとは別の種類の緊張感があった。

しかも、《ラメント》はツブのフルートソロから始まる。ツブは強烈《きょうれつ》なプレッシャーを感じた。

（でも、先陣《せんじん》を切ってみんなを引っ張るのが部長の役目だ！）

そう自分自身を鼓舞《こぶ》した。

客席には誰《だれ》もいなかったが、12人全員が真剣勝負のつもりで録音に挑《いど》んだ。数回録り直し、先生がいちばん良いと思った音源を応募した。

10月のある夜、自宅でパジャマを着て寝る準備をしていたツブのスマホが鳴り始めた。メッセージが届いたのだ。送り主は増子先生だった。

開いてみると、そこには「全国！」と書かれていた。

「えぇっ!?」

音源を録音してからしばらく経っていたため、日本管楽合奏コンテストのことはすっかり忘れていた。

「ぜ、全国ってどういうこと!?」

慌ててコンテストの公式サイトを見てみた。全国大会出場団体が掲載《けいさい》されていた。その中には……確かに「山形県立鶴岡工業高等学校」の文字がある！

眠気《ねむけ》が吹き飛び、目がぱっちり開いた。

ツブは勢いよく階段を駆《か》け下りると、1階にいた両親に向かって叫《さけ》んだ。

「鶴工吹部、全国大会出場する！」

それを聞いた両親は、「バンザーイ！」「ツブ、よぐやった！」と大喜びしてくれた。

翌日、音楽室では部員たちが大盛り上がりだった。

「どうしよ。ヤバぐね!?」

「何かの間違いじゃないの？」

「いや、現実だあんね〜」

「やっぱ訂正《ていせい》されてたり……」

改めてみんなで公式サイトを見てみた。何度確認しても全国大会出場校の18校のリストの中に「鶴岡工業」と書かれていた。

ツブは壁の白黒写真に目を向けた。

（現実になったんだ！　オレたちも全国大会に出られる。56年ぶりだ！）

コンクールがなくなったとき、夢も希望も消え去った気がした。まさかこんな大逆転があるとは思いもしなかった。

後日、学校の正門横に看板が掲《かか》げられた。

『2020（第26回）日本管楽合奏コンテスト全国大会　高等学校S部門出場　吹奏楽部』

みんなでその看板を見にいき、記念写真を撮《と》った。12人の部員たちと増子先生は誇《ほこ》らしい気持ちでいっぱいになった。

ある日の放課後のことだ。吹奏楽部が練習をしていると、音楽室の窓が外からガラッと開けられた。顔を覗《のぞ》かせたのは、見知らぬおじさんだった。

そのおじさんはニコニコしながら言った。

「外の看板見だよ。実はな、オレもここのブラバンの出身なんだ」

「んだなですが《そうなんですか》！　何年だもんですか？」

応対した増子先生が驚《おどろ》きながら尋《たず》ねた。

「昭和39年卒。全国大会さ出た代の一つ上だ。おめだぢも全国大会さ出るあんろ？おめでどう！」

部員たちは笑顔になり、口々に「ありがとうございます！」と言った。

「応援《おうえん》してっがらの〜。がんばれの〜！」

おじさんはそう言い残して立ち去った。

（こういうのって、いいよな）とツブは思った。

自分たちががんばって出した結果によって、自分たちも、家族も、卒業生や地域の人たちが喜んでくれる。前よりも応援《おうえん》してくれる。みんながつながって、目の前に新しい世界が開けていく気がする。

全国大会というものの影響力《えいきょうりょく》の大きさをツブは改めて実感した。

音楽室に響いた万《ばん》歳《ざい》三唱

全国大会出場の喜びに浸《ひた》ってばかりはいられない。次は動画審査。予選と違って音だけでなく、演奏する姿も審査員にチェックされる。他の出場校も、予選とは比べものにならないくらいハイレベルだし、気合いを入れてくるだろう。

動画提出の締《し》め切りは11月初旬。猶予《ゆうよ》は約1カ月だった。

「予選の音源に満足しないで、完成度を上げようぜ！」とツブは呼び掛けた。

それに応えるように増子先生と部員たちは妥協《だきょう》せずに曲づくりをしていった。いつもは仲良しの部員同士がときにはぶつかり合うこともあった。

「このフレーズ、静かな感じから一気にブワッと盛り上げたほうがいいんでね？」

「いや、やりすぎはよぐねよ」

「もっとみんな集中して出だし揃《そろ》えなきゃダメだ」

先輩後輩《せんぱいこうはい》関係なく、思ったことを何でも言い合った。それこそが真剣さの証《あかし》だったし、お互《たが》いに信頼《しんらい》し合っているからこそできることでもあった。誰《だれ》もがいままでにないほど必死に練習し、いままでにないほどの充実感《じゅうじつかん》を味わった。

休憩《きゅうけい》時間、アカリがスマホを見ながら言った。

「あぁ、どうせ全国大会出られるなら、ここで演奏したかったな？」

画面には、文京《ぶんきょう》シビックホールの写真が表示されていた。キラキラしていて、厳《おごそ》かな感じがして、すごく大きい。さすが大都会東京のホールという感じだ。

「すぐ近ぐに東京ドームとか遊園地とかあるらしいよ」とタッちゃんが言った。

「マジか～！」

アカリは心から残念そうな顔をした。

「オレ、こんなすげえホールで演奏できたら、悔《く》いなく死ねる」とツブは言った。

「じゃあ、ツブが死ななくてよかったたってことにしよう」とアカリが笑った。


全国大会に提出する演奏動画は、予選と同じホールで収録した。

女子はブレザーにスラックス、男子はベストにスラックスを身につけ、襟元《えりもと》には蝶《ちょう》ネクタイを結んだ。先生も燕尾服姿《えんびふくすがた》で指揮台に上がった。

予選よりもプレッシャーが大きかった。けれど、喜びも大きかった。

(全国大会さ出られるだけでもすごいごどだ。結果は何でもいい。絶望の中に希望を見つける《ラメント》に、オレたちの思いを込《こ》めよう。これがオレたちの全国大会だ。どうか思いが伝わりますように!)

ツブは心の中でそう祈《いの》りながらフルートを構え、冒頭《ぼうとう》のソロを吹いた。すると、ほかの部員たちもツブの思いに応えるように《ラメント》の世界に入りきり、豊かな表現力で楽器を奏でた。

ツブの耳に、隣《となり》にいるタッちゃんのクラリネットの音が聞こえてきた。パソコン部出身で、ツブと同じ初心者だったのに、タッちゃんもいつの間にか立派なプレイヤーになっていた。バス酔《よ》いしていたのが遠い昔のことのようだ。

(タッちゃんのオーラを感じる……。本当にタッちゃんは成長したな)

すると、後ろのほうからはアカリの音も聞こえてきた。ユーフォニアムとホルンを掛け持ちしているが、どちらの音もよく響いて存在感があり、鶴岡工業のサウンドを支える柱になっていた。

(こいつの音聴くと安心する。オレの大好きな音だ)

ツブ自身も含《ふく》めて3人とも演奏技術は上達し、精神的にたくましくなっていた。

また、後輩たちもぐんぐん伸《の》びていたし、増子先生もすっかり吹奏楽部の顧問が板についていた。

（たぶん、オレたちは技術では他校にかなわね。でも、仲の良さと信頼《しんらい》関係、音に気持ちを乗せて歌うっていう部分ではどの学校にも負けねぞ！）

ツブは増子先生の指揮を見つめ、大きく体を動かしながら楽器を吹き鳴らした。

日本管楽合奏コンテストのS部門は11月21日に出場校の演奏動画がネットで配信され、同時に審査が行われた。

結果発表は2日後の11月23日だった。

一緒に結果を確認するため、みんなが音楽室に集結した。ただ、アカリだけがいなかった。中部地方の大学に進学することが決まったアカリは、両親とともにアパートを探しにいっていたのだ。

先生とツブが前に出て、スマホで日本管楽合奏コンテストの公式サイトを見始めた。部員たちはしんと静まりかえり、二人の様子に注目した。不安で手をつなぎ合っている者もいた。誰《だれ》かがゴクリとつばを飲み込《こ》む音が聞こえた。

「おぉ⁉」

突然、先生とツブが同時に声を上げた。

「なになに⁉」

「えっ、怖《こわ》い」

部員たちが戸惑《とまど》いながら見つめる前で、先生とツブは「ワーッ！」と抱《だ》き合った。

「ツブちゃん、早くみんなに言ってあげで！」と先生が言った。

ツブはもう一度しっかりとスマホの画面を確認してから言った。

「発表します！　山形県立鶴岡工業高等学校――最優秀賞《さいゆうしゅうしょう》！」

「えっ……⁉」

部員たちが固まる。

「それから、審査員特別賞です！」

「イエーイ！」

全員が声を上げ、笑顔で拍手《はくしゅ》をした。最優秀賞は18校のうち優秀な演奏をした上位6校に与えられる賞。コンクールで言えば金賞だ。

だが、まだ審査員特別賞の価値がピンときていなかった。

「審査員特別賞は、実質2位。最優秀グランプリ賞の次！」

先生が指を2本立てて見せた。

「ひぇーっ⁉」

部員たちは驚きと喜びが入り混じった歓声《かんせい》を上げた。

「あっ、アカリちゃんに電話しよう！」と先生が言った。

すぐにツブがスマホで電話をかけた。

「アカリ、結果見た？」

「まだ。どうなった⁉」

スピーカーからアカリの声が聞こえてきた。どうやら両親と一緒に車で移動中のようだった。

「最優秀賞で、審査員特別賞」

「ギャーッ！」

スピーカーから奇声《きせい》が響いた。その後、父親の「うるせえ！」という声まで聞こえてきて、部員たちは爆笑《ばくしょう》した。

アカリと通話を切った後も、部員たちはまだ興奮が冷めやらなかった。

「すごぐねえ？　バンザイでもすっが」と先生が言った。

「バンザーイ！　バンザーイ！　バンザーイ！」

部員たちは満面の笑みを浮かべながら万歳三唱した。

ツブの脳裏を、入部してからいままでにあったことが走馬灯のようによぎった。

増子先生やアカリ、タッちゃんとの出会い、初心者の自分の面倒《めんどう》を見てくれた先輩たち、よくついてきてくれた後輩たち、お世話になった保護者や学校の先生たちや地域の人たち、重ねてきた練習、コンクールの悔《くや》し涙《なみだ》やコロナの不安……。

すべてが大切で、すべてが無駄《むだ》ではなかった。

最大の試練はやはりコロナだ。それでも、コロナがなかったら日本管楽合奏コンテストにも出ていなかったし、全国大会出場は夢のまま終わっていただろう。コロナがあってよかったわけではない。だが、増子先生と部員たちの力でコロナを「きっかけ」へと変えることができた。きっかけはチャンスになり、チャンスをつかんで夢を現実にし、56年ぶりの快挙を達成した。

（オレたち、本当にやったんだな！）とツブは思った。

喜びに沸《わ》く音楽室の12人を、壁の白黒写真が優しく見守っていた。

エピローグ　幸せな未来予想図

２０２１年４月。ツブは鶴岡工業高校の正門前にいた。

吹奏楽部の活躍《かつやく》を讃《たた》えるあの看板の横には、新たな看板が追加されていた。

『祝「最優秀賞」・「審査員特別賞」受賞』

実は、鶴岡市役所の前にも『祝　最優秀賞・審査員特別賞　おめでとう！』という大きな看板を立ててもらっていた。市を挙げての祝福だ。

ツブとアカリ、タッちゃんは増子先生とともにその看板の前で何枚も記念写真を撮《と》った。

日本管楽合奏コンテストの主催者《しゅさいしゃ》からは立派なトロフィーと表彰状も届いた。地元の新聞の一面にもトップ記事として取り上げられた。

そして、３人は鶴岡工業を卒業した。

アカリは岐阜の大学へ、タッちゃんは新潟の大学へ行った。ツブは鶴岡に残り、市内の企業《きぎょう》に就職した。

● 音楽室にて、顧問の増子牧先生の指揮で合奏練習。家族のように仲が良い１２人

● 学校の前に掲示された大きな看板の前でポーズをとるアカリ、ツブ、タッちゃん（左から）

みんなバラバラになってしまった。もう一緒に楽器を奏でたり、部活の後にくだらない話で盛り上がったりすることはできない。でも、先生を含めた4人の絆《きずな》は一生変わらないだろうという確信があった。だから、寂《さび》しい思いは少しだけだ。

「オレの高校生活は、部活がすべてだったな」

看板の前に立ち、ツブはそうつぶやいた。

「吹奏楽は、これがなかったら自分が成り立だねっていうくらい大事なオレの一部だ。会社で働くのは不安もあるけど、部活でこれだげがんばったんだがら、この先何があってもやっていげっろ」

ツブの顔に穏《おだ》やかな笑みが浮かんだ。

看板の上に広がる春空を眺《なが》めながら、こんな想像をした。

いつか歳《とし》をとった自分が鶴岡工業高校を訪れ、音楽室のガラス窓を外側からガラッと開ける。そして、不思議そうな顔で見る先生や吹奏楽部員たちにこう言うのだ。

「オレもここで吹奏楽やって、全国大会さ出だなやの～」

それはきっと――とても幸せな未来だ。

Chapter

5

第五章

演奏のディスタンス、心のディスタンス

復活を目指した名門《めいもん》吹奏楽部《すいそうがくぶ》の関係者限定定期演奏会

北海道札幌白石高等学校吹奏楽部

Hokkaido Sapporo Shiroishi High school

北海道《ほっかいどう》札幌《さっぽろ》白石《しろいし》高等学校《こうとうがっこう》吹奏楽部《すいそうがくぶ》

所在地：北海道札幌市
設立年：1977年

吹奏楽部紹介　High school band

かつて「五金」達成し
映画のモデルにも

北海道札幌白石高等学校は、北海道札幌市白石区に位置する共学の道立高校。生徒数約910人。吹奏楽部は1977年の開校と同時に創部。北海道吹奏楽界のレジェンド・米谷久男《よねやひさお》先生に率いられ、1983年に全日本吹奏楽コンクールに初出場し、現在まで通算20回出場（金賞11回）。1990年からは「五金（全国大会5年連続金賞）」を達成。2008年から顧問を務める鈴木恭輔《すずききょうすけ》先生も同部OBで、五金メンバー。吹奏楽部は映画『青空エール』のモデルにもなった。

登場人物紹介　Character

アリサ Arisa
2020年度
吹奏楽部部長
ファゴット担当

ハルヤ Haruya
2020年度
吹奏楽部副部長
チューバ担当

ヒナタ Hinata
2020年度
吹奏楽部副部長
ユーフォニアム担当

ルルカ Luluka
2020年度吹奏楽部
学生指揮者
アルトサックス担当

オータ Ota
2020年度吹奏楽部
金管リーダー
トロンボーン担当

ミオ Mio
2020年度吹奏楽部
木管リーダー
フルート担当

名門吹部《すいぶ》の幹部たち、それぞれの独白《モノローグ》

「アリサ」こと髙松有沙《たかまつありさ》（ファゴット）

毎朝、私は部内でいちばん先に音楽室に来ています。

みんなが通学で使うバスが停留所に着くのは早くても午前7時30分。朝練は7時50分からです。でも、私は近くに住んでいるので自転車通学だし、学校は7時に開くから、いつもその時間を目指して登校します。

校舎に入ったら音楽室に向かい、電灯をつけてからドアを開けます。それから、窓も全部開けてまわります。

北海道の長い冬の期間は、外からキンと冷えた風が入り込《こ》んできます。寒いけど、新鮮《しんせん》な気持ちになり、「今日もがんばるぞ！」と思えてきます。

まだ誰《だれ》もいない音楽室を眺《なが》めるのが私は好きです。朝練が始まるころには80人近い部員たちの熱気と音でいっぱいになるのが信じられないほど、早朝は静まり返っ

ています。そんな音楽室の景色が見られるのは、ちょっとトクした気分です。

私の視線は、自然と音楽室に飾《かざ》られた二つの言葉のほうへ向かいます。

一つは「一心不乱《いっしんふらん》」と書かれた旗。

私が所属する北海道札幌白石高校吹奏楽部《ほっかいどうさっぽろしろいしこうこうすいそうがくぶ》は1983年に全日本吹奏楽コンクールに初出場し、次の年も2年連続で出場しました。ところが、1985年、第7期の先輩《せんぱい》たちは全国大会出場を逃《のが》しました。その先輩たちは卒業するとき、「一心不乱★」という言葉を旗に刻みつけ、後輩《こうはい》たちに託《たく》していったのだそうです。それ以来、「一心不乱」は白石《しろいし》を象徴《しょうちょう》するモットーになっています。

そして、もう一つは「心に響《ひび》く世界に一つだけのサウンドを全国大会で」と書かれた紙製の横断幕。これは私たちの代のスローガンとして考えた言葉です。

窓から流れ込んだ風が二つの言葉を揺《ゆ》らしました。

「一心不乱……全国大会……」

声に出してみると、胸がじんわり熱くなってきました。ここは全国大会出場20回を誇《ほこ》る名門吹奏楽部で、私は部長なんだ――そんな自覚が湧いてきます。

私は窓を閉め、楽器の準備を始めました。私の担当はファゴット★です。高校に入っ

★一心不乱
全国大会出場を逃した札幌白石高校吹奏楽部第7期の卒業生が、自分たちの活動を省みて、大切にすべき言葉として後輩たちに残した言葉。

★ファゴット
木管楽器の一種で、低音域を担当。オーボエなどと同じダブルリード楽器。奏者は首や肩にストラップをかけ、楽器をつるして演奏する。

てから始めた楽器ですが、組み立てにもすっかり慣れました。

ストラップに楽器を掛《か》けて椅子《いす》に座り、リードに息を吹《ふ》き込《こ》みます。

ポーッというのどかな音が誰もいない音楽室に響きました。

と、楽器ケースを片手に入ってきた同期の部員が声をかけてきます。

「アリサ、おはよ。今日もいちばん乗りだね！」

「おはよ。今日もがんばろうね！」

それが私のいつもの朝でした。


私は小4で吹奏楽を始めてから中学校を卒業するまでの6年間、ずっとアルトサックス担当でした。

2018年4月、私は札幌白石高校に入学しました。吹奏楽が目的で白石に入ったわけではありませんが、部活見学で先輩たちが聴《き》かせてくれたキラキラ輝《かがや》くような白石サウンドに心をつかまれ、名門の吹奏楽部に入部することにしたのです。

顧問《こもん》の鈴木恭輔《すずききょうすけ》先生も吹奏楽部のOBで、現役時代にはトランペット奏者として全国大会で2回金賞を受賞しています。

「私もここで『一心不乱』にがんばろう！」と意気込《いきご》みました。

ところが、一緒《いっしょ》に入部した同期26人のうち14人が私と同じサックス希望。枠《わく》は4人だけでした。鈴木先生や先輩たちのチェックの結果、私はサックスにはなれず、人数が足りなかったファゴットの担当になってしまいました。

ファゴットはアルトサックスと同じ木管楽器ですが、縁《えん》の下の力持ち的な低音楽器です。音の出し方やキーの操作方法もまったく違《ちが》い、私は絶望しました。6年間のサックス経験がリセットされ、また初心者に戻《もど》ってしまったのです。

（私、ファゴットを3年間やっていけるのかな……）

中学時代と同じ楽器になった同期の子たちが曲をバリバリ吹いている横で、私はまず「音を出す」という初歩中の初歩から練習していかなければなりませんでした。

白石には約80人の部員がいて、そのうちコンクールに出られるメンバーは55人だけ。高1のとき、私はメンバーに選ばれることはできませんでした。同期でもメンバー入りした子たちもいて、やっぱり悔《くや》しかったです。

白石は2011年を最後に全国大会から遠ざかっていました。全国大会に出るためには、8月上旬《じょうじゅん》の地区大会で代表4校に入り、さらに8月下旬《げじゅん》の北海道吹奏楽コンクール（全道大会）で18校中2校だけに与《あた》えられる北海道代表の座を手に入れなければなりません。コンクールメンバーは「今年こそ復活を！」と燃えていました。

一方、私はサポートメンバー。本番を想定したホール練習をするとき、メンバーはステージ上で課題曲と自由曲を繰《く》り返し演奏しますが、私がやることはそのお手伝い。楽器を吹くことはありません。

もちろん、私たち非メンバーのサポートがあってこそ、メンバーは演奏に全力を注げます。その重要性は理解していました。ただ、感情がついてきませんでした。

「私、何のために部活してるんだろう……」

毎日のように、家に帰ると泣いていました。

その年、白石は地区大会を抜《ぬ》けて全道大会に出ました。私は楽器の搬入搬出《はんにゅうはんしゅつ》を手伝うサポートメンバー。本番の演奏は舞台袖《ぶたいそで》から見ていました。

メンバーの演奏は音がよく響き、ハーモニーにも深みがあって、「さすが白石！」と思えるものでした。ですが、審査《しんさ》の結果はダメ金★。私は複雑な気持ちでした。

翌年、2019年のコンクールでは私もメンバーに選ばれました。

★ダメ金
吹奏楽《すいそうがく》に特有の用語で、コンクールで金賞を受賞しながらも代表になれない＝上位大会に進めないことを指す。

朝いちばんに音楽室に来て朝練をしたり、昼休みにも昼練をしたり、自分なりに重ねてきた努力をようやく認めてもらうことができました。

白石はコンクールや定期演奏会などの本番で伝統のステージ衣装を身につけます。上は「赤ブレ」と呼ばれる鮮《あざ》やかな赤いブレザー。下は男子はズボン、女子はスカートでどちらも北海道の雪を思わせる白。白石の白です。

ステージ衣装を着てファゴットを持ちながら地区大会のステージに出たとき、私は大きな喜びに包まれました。やっと名門白石の一員になれた気がしたのです。

白石は地区大会で代表となり、全道大会に出場しました。自由曲は保科洋《ほしなひろし》作曲の《復興《ふっこう》》。私もほかのメンバーとともに、精いっぱいファゴットを吹きました。

ところが、審査《しんさ》結果は銀賞。代表どころか金賞にも手が届きませんでした。

悔し涙《なみだ》を流す先輩たちの姿を見ながら、私は思いました。

（来年こそは全国大会に出て、たくさんの人に白石サウンドを聴いてもらいたい）

3年の先輩が引退した後、全部員の投票で次の部長が選ばれました。いちばん票が多かったのは「髙松有沙」――つまり、私でした。

（私に白石のリーダーが務まるのかどうかはわからない。でも、高校生活最後の1

年は「一心不乱」に突《つ》き進んでいこう！）

北海道の長い冬の季節でも、私は朝7時に音楽室へ行き、ファゴットの練習を続けました。毎日、毎日――。

そう、2020年2月27日、新型コロナウイルスの影響《えいきょう》で総理大臣から全国一斉《いっせい》の臨時休校が発表されるまでは……。

「オータ」こと太田《おおた》侑希《ゆうき》（トロンボーン）

僕《ぼく》は小学校のころにブラスバンドに入っていましたが、中学校には吹奏楽部がなく、3年間演奏から遠ざかっていました。白石に入学したときは、「吹奏楽部に入ってみたいけど、ブランクが長いし、白石みたいな名門だとやっていけないかな」と思いました。それでも、先輩たちのキラキラ輝く姿を見て入部を決めました。

実際に入ってみると、小学校の部活とはレベルが違うことばかりでした。楽譜《がくふ》は★ドイツ音名で読まなくてはならないし、「長調・短調」も「dur《ドゥア》・moll《モール》」と呼びます。★コード、★倍音、★バランスなど、わからないことだらけでした。演奏面でもなかなかついていけず、ついイライラして同期とぶつかってしまったこともありま

★ドイツ音名
音名のドイツ語読み。ドレミファソラシドが「CDEFGAHC」となり、「ツェー・デー・エー・エフ・ゲー・アー・ハー・ツェー」と読む。

★コード
和音のこと。

★倍音
たとえばドの音を鳴らしたとき、1オクターブ上のド、その上のソ、2オクターブ上のド、その上のミ……といった音も鳴っている。この元の音（基音）以外の成分を倍音と呼ぶ。

★バランス
合奏の状態で全体を音域ごとに4グループに分け、各グループのバランスを整えて豊かな響《ひび》きを求める練習のこと。

した。

「もうやってられない」と退部を考えたこともあります。

そんな僕を変えてくれたのが、高1の全道大会でした。

僕はサポートメンバーで、アリサたちと一緒に舞台袖からコンクールメンバーの演奏を聴いたのですが、自由曲の天野正道《あまのまさみち》作曲《カプレーティとモンテッキ～「ロメオとジュリエット」その愛と死～》の美しさに心から感動しました。

なのに、白石は代表にはなれませんでした。

僕はコンクールメンバーが毎日どれほど必死に練習していたかを見ていたので、そこまでやっても全国大会に手が届かないことがショックでした。そして、自分自身を省みました。

（コンクールメンバーより下手な僕が、メンバーほどの努力をしてこなかった。それなのに、自分のダメさに苛立《いらだ》って同期に当たったりして……）

そのとき、僕の頭に浮《う》かんだのは「一心不乱」という吹奏楽部のモットーです。

（やっぱり僕だってコンクールメンバーになりたい。トロンボーン★で白石サウンドを奏でたい。だから、「一心不乱」に吹奏楽と向き合っていこう！）

★トロンボーン
金管楽器の一種で、中音域を担当。スライドというU字の管を前後に動かして音を変えるという独特の奏法を持つ。

僕はそれから全力で練習しました。アリサのように、コンバート★したのにがんばっている同期の姿にも励《はげ》まされました。

高2では、念願のメンバーに選ばれました。しかも、トロンボーンパートのトップ奏者です。プレッシャーもありましたが、僕は全国大会に出る気満々でした。

でも、結果は全道大会で銀賞……。

僕はこの悔しさを、高校最後のコンクールにぶつけるつもりでした。

白石では、「六役《ろくやく》」という幹部が中心になって部活を運営しています。部長を頂点にして、二人の副部長、音楽面のトップである学生指揮者★、それから木管リーダーと金管リーダーです。僕は金管セクションをまとめる金管リーダーに選ばれました。

これからはトップ奏者としても、幹部としても、この部活を引っ張っていこうと僕は思っていました。

「ヒナタ」こと加藤陽向《かとうひなた》（ユーフォニアム）

中学のころから、福岡の精華女子高校吹奏楽部《せいかじょしこうこうすいそうがくぶ》★の大ファンでした。CDなどで演奏を聴いたり、精華に密着したテレビのドキュメンタリー番組を見たりするのが好

★コンバート
担当していた楽器から別の楽器に変わること。

★学生指揮者
各学校によって役割は違うが、主に基礎合奏の指揮をしたり、顧問が不在の際に曲の合奏の指揮をしたり、コンサートで指揮をしたりする音楽面のリーダー。

★精華女子高校吹奏楽部《せいかじょしこうこうすいそうがくぶ》
福岡県福岡市にある私立の女子校。全国にファンがいる人気バンドの一つで、全日本吹奏楽コンクール・全日本マーチングコンテストに多数出場し、優秀《ゆうしゅう》な成績を収め続けている。

きで、女子だけとは思えない圧倒的《あっとうてき》な迫力《はくりょく》のサウンド、部活にかける情熱や執念《しゅうねん》、全日本吹奏楽コンクールや全日本マーチングコンテストで金賞を受賞する姿に「すごいなぁ！」とあこがれを抱《いだ》いていました。

中学時代の吹奏楽部は少人数でしたが、「高校では精華みたいに全国大会を目指したい」と白石に入りました。白石には名門らしい引き締《し》まった雰囲気《ふんいき》がありました。

「ここで3年間がんばろう。絶対に全国大会に行こう」と私は意気込みました。

ただ、私は中学までアルトサックスだったので、アリサと一緒でほかの楽器にコンバートしなければなりませんでした。木管も金管もひと通り吹いてみたのですが、心をつかまれたのがユーフォニアムでした。

銀色に輝く楽器はカッコよく、金管楽器の中では音も出しやすい。それに、先輩が吹く音を聴いたら、まるでフカフカの絨毯《じゅうたん》みたいに柔《やわ》らかくて。

（これがいい！　私にはユーフォしかない。いままではアルトサックスが『★推《お》し』だったけど、これからはユーフォに『★推《お》し変《へん》』しよ！）

私の希望は受け入れられ、晴れてユーフォニアム担当になりました。

★推し
ファンとして応援《おうえん》している対象。一般的《いっぱん》にはアイドルやアニメのキャラクターなどに使うことが多い言葉。

★推し変
「推し」を変えること。

初心者からの再スタートなので1年のときはコンクールメンバーになれませんでしたが、2年ではメンバー入り。ただ、全国大会には出場できませんでした。

「来年こそ、全国大会で精華と同じステージに立てたら最高だなぁ！」

高校最後のコンクールに向けて私のモチベーションは高まりました。

3年生が引退した後、副部長に選ばれました。部長のアリサを支えていく立場ですが、私はこうと決めたら突っ走ってしまうタイプなので、真面目で慎重《しんちょう》なアリサとはよくぶつかりました。でも、心の中では、同期だけでなく後輩たちの意見にもちゃんと耳を傾《かたむ》けるアリサをリスペクトしていました。

私は心から「アリサやみんなと全国大会に行きたい」と思っていました。

「ルルカ」こと三村琉花《みむらるるか》（アルトサックス）

私もアリサやヒナタと同じで、中学時代はアルトサックスでした。いつも地区大会落ちの中学校だったので自信はありませんでしたが、白石でもアルトサックス担当に選んでもらうことができました。

全国大会出場を目指している学校なので、コンクールメインなのかなと思っていましたが、あるとき先輩に言われた言葉にハッとしました。

「コンクール以外にも本番はたくさんある。すべてを良い演奏にしていきたいんだ」なんて素敵な言葉なんだろうと思いました。コンクールも大切ですが、あらゆる本番が同じくらい大切。だから、私はすべての本番に向けて「一心不乱」に腕《うで》を磨《みが》いていこうと思いました。

高1のコンクールで、私は運良くメンバーに選ばれました。数少ない1年生メンバーとして、選ばれなかった同期の悔しい思いも背負いながら全道大会に出場しましたが、結果はダメ金。代表まではあと一歩だったと聞き、「もう少しがんばれていたら……」と思わずにはいられませんでした。

高2のコンクールではリベンジしたかったのですが、銀賞止まりでした。

「次はラストチャンス。絶対に全国大会へ行きたい！」

全国大会へのあこがれは強まるばかりでした。

新体制では、私は六役の中の学生指揮者に選ばれました。名門の白石を音楽的に引っ張り、みんなに「もっとこう演奏してほしい」などと指示を出す立場です。責任重大ですが、全国大会出場に向けてどこを高めるべきなのか、何を改善すべきなのかなどを自分なりに考えていました。

◆「ハルヤ」こと永井春弥《ながいはるや》（チューバ）

僕は中学時代までは野球部に所属していました。ポジションはサードです。高校では野球を続けるつもりはなく、何部に入るか迷っていましたが、中学時代に吹奏楽部の演奏を聴くのが好きだったので、音楽室に足を運んでみました。

そして、札幌白石高校吹奏楽部の演奏に圧倒されました。

「吹奏楽の名門っていうのはこんなにすごいのか！」

楽器経験もなかったし、吹奏楽のことは何も知らなかったのですが、思い切って入部してみることにしました。最初はパーカッションに配属され、その後チューバになりました。

白石が目標としている全日本吹奏楽コンクールが「吹奏楽の甲子園《こうしえん》」と呼ばれていることは、入部して初めて知りました。野球部だった僕が、今度は「吹奏楽の甲子園」を目指す部活に入るというのはなんだか面白い巡《めぐ》り合わせだと思いました。

ただ、僕自身は全国大会や金賞にあまり興味がなく、「みんなで良い演奏ができればいいんじゃないかな」と思っていました。

名門だけあって練習はハードで、野球部以上に規律を求められました。僕は体力には自信がありましたが、吹奏楽部では体力よりもメンタルがきつく、「こりゃあ3年間続けられないかもな」と思いました。

ところが、驚《おどろ》いたことにいきなりコンクールメンバーに選ばれてしまいました。楽器はシンバルでした。全国大会を目指すメンバーでの練習はさらに厳しく、僕は密かに「全道大会が終わったら退部しよう」と決めていました。

全道大会は金賞でしたが、僕の気持ちは変わらず、顧問の鈴木先生に「やめたい」と言いにいきました。すると、先生や先輩、同期に強く引き止められました。

「続けていたら、きっと吹部《すいぶ》でしか味わえない楽しいことも経験できるよ」

先生が言ったその言葉が、僕の心に引っかかりました。

(吹部でしか味わえない楽しいことって何だろう?)

それを知りたいとも思い、僕は退部を撤回《てっかい》しました。

高2ではチューバ奏者としてメンバーに選ばれ、全道大会に出ました。そして、先輩が引退した後に六役が決まり、僕は副部長に選ばれました。部長のアリサをサポートする立場。楽器もチューバで、バンドのサウンドを低音で支える役割です。

（僕はみんなより技術がないし、音楽や大会にかける思いも足りていない。みんなの足を引っ張らないようにしながら、アリサやみんなを支えていこう）

僕はそんなふうに考えていました。

「ミオ」こと佐藤澪《さとうみお》（フルート）

みんながあこがれる全日本吹奏楽コンクールのステージを、私は知っています。

中3のとき、私が所属していた中学校の吹奏楽部が全道大会を突破《とっぱ》し、全日本吹奏楽コンクール・中学校の部に出場したのです。

全国大会の会場、名古屋国際会議場センチュリーホールの座席数は、全道大会が行われる★札幌《さっぽろ》コンサートホールKitara《キタラ》の1・5倍もあります。実際にステージに立ってみると、まるで客席が目の前にそそり立っているかのように見えました。

花道にキラキラ輝くトロフィーが置かれていたのをよく覚えています。

そこは「吹奏楽の聖地」とも呼ばれています。その名のとおり、普通《ふつう》とは違う神聖な場所という雰囲気が漂《ただよ》っていました。

★札幌《さっぽろ》コンサートホールKitara
北海道札幌市中央区の中島公園内にあるコンサートホール。

演奏中は、いままで経験したことがない激しい緊張《きんちょう》に襲《おそ》われました。体が熱いのに芯《しん》が冷えているような感覚や、目に見えない何かにどんどんエネルギーを吸い取られていくような感覚にとらわれながら、私は必死にフルートを吹きました。

審査の結果、私たちの中学校は銀賞を受賞しました。

(中学校の部は緊張しかなかったけど、次は高校の部に出てみたい。きっと中学校の部とはレベルも重みも違うんだろうな)

私はそう思い、白石に入ることを決めました。

白石の吹奏楽部員だった姉には「うちは厳しいよ」と言われました。でも、中学校も厳しかったし、全国大会を目指すのだから覚悟《かくご》はできていました。

実際に入ってみると、想像とは違うこともありました。中学校のときは全部員が「全国大会出場」という目標で一丸となっていましたが、白石には目標や目的意識が違う部員が集まっていたのです。

(みんながみんな、あの神聖な場所で演奏したいわけじゃないんだ……)

高校生というのはそういうものなのかもしれません。みんな別々の考え方をしているからこそ、同じ方向を向けたときにすごい力が出るのではないかと私は思いました。その中で私にできることは「一心不乱」に練習することだけでした。

高1、高2と私はコンクールメンバーに選ばれましたが、全国大会出場という目標を果たすことはできませんでした。

最後のチャンスに向け、いよいよ私たちの代が先頭に立って走り出すときが来ました。私は六役の木管リーダー。金管リーダーのオータや学生指揮者のルルカという「音楽三役」で連携《れんけい》しながら白石の音楽をまとめる立場です。

私はあまり感情を表に出すタイプではありません。でも、心の中では「絶対にまたあのステージに立つ！」と静かに燃えていたのです。

北の大地に忍《しの》び寄るコロナの影《かげ》

部長・アリサ、副部長にハルヤとヒナタ、学生指揮者・ルルカ、木管リーダー・ミオ、金管リーダー・オータ。

２０１９年10月、入部の経緯《いきさつ》も、白石での経験も、考え方も、それぞれ違う6人が六役に選出され、新たな代が動き始めた。

アリサたちがまず最初にやったことは、2年生全員で話し合い、新スローガンを決めることだった。

みんなからいろいろな単語やフレーズが提案され、それをまとめていき、最終的にこんな言葉が出来上がった。

「心に響く世界に一つだけのサウンドを全国大会で」

アリサは2年生に向けてこう語った。

「全国大会に対しては、それぞれいろんな意見や考えがあると思います。でも、私は同期のみんなと全国大会に行きたいし、私たちが大好きな白石サウンドを日本中の人たちに聴いてもらいたい。だから、『全国大会で』というところにこだわりました。みんなとなら全国大会出場も夢じゃないって、私は本気で思ってます。1年後、名古屋国際会議場センチュリーホールのステージでこのスローガンを実現できるように、みんなで『一心不乱』にがんばっていきましょう」

2年生はアリサの言葉に「はい！」と答えた。

その後、スローガンを大きく紙に書き、横断幕のように音楽室の壁《かべ》に貼《は》りつけた。

自分たちの代の第一歩を踏《ふ》み出せたとアリサは思った。

もちろん、最初から万事うまくいくとは思っていなかった。実際、アリサはヒナタと冬休みに行う合宿の運営方法をめぐってぶつかったし、オータとヒナタはいつも合奏練習のときにケンカをしていた。

「ちょっと、オータ！　いっつも音を切るのが早すぎるんだけど！」

練習が終わるとユーフォニアムのヒナタが後ろにいるトロンボーンのオータを振《ふ》り返り、バトルが始まる。

「いーや、こっちが早すぎるんじゃなくて、そっちが遅《おそ》すぎるんだよ」

オータも負けずに言い返す。ユーフォニアムとトロンボーンは同じ中音域を担当する楽器だから、「こう演奏したい」という二人の意志の相違《そうい》が出やすいのだ。

六役の中でもそんな具合だったし、吹奏楽部全体もまだまとまっていなかった。

だが、アリサは焦《あせ》ってはいなかった。少しずつお互《たが》いを理解しあっていけばいいと思っていたし、同期の仲間たちは演奏技術が高く、それぞれが熱いハートを持っていることもわかっていた。

コンクールで演奏する自由曲も高昌帥《こうちゃんす》作曲の《吹奏楽《すいそうがく》のための協奏曲《きょうそうきょく》》に決まっていた。重厚感があり、ソロの多い難曲だが、自分たちの技術とハートをもってすれば名演をつくり上げることができるのではないかとアリサは思った。

「この同期と一緒なら全国大会に行ける！」

アリサは写真や動画で見た名古屋国際会議場センチュリーホールに、赤と白の衣装を身につけた自分たちが立つ様子を思い描《えが》いた。

きっとそれは現実になるはず――アリサにはそんな予感があった。


ところが、年が明けて2020年1月から新型コロナウイルスがじわじわと国内に広がり始めた。特に、アリサたちが暮らす北海道は東京など他地域よりも感染者

● 7期生から寄贈された「一心不乱」の旗。この言葉が札幌白石のモットーとなっている

● 鈴木恭輔先生（右端）の指揮で、音楽室で合奏練習。壁にはスローガンが貼られている

数が多く、2月4日から始まったさっぽろ雪まつりではクラスターが発生した。

札幌白石高校でも不穏《ふおん》な雰囲気が漂いつつあったが、2月中旬《ちゅうじゅん》、ヒナタはひとり飛行機に乗って北海道を飛び立った。向かった先は、遠く離《はな》れた九州の福岡県。ずっとあこがれていた精華女子高校吹奏楽部の定期演奏会に行ったのだ。

コロナの不安はあったが、どうしても見ておきたかった。精華の音楽に直接触《ふ》れ、何かヒントをつかみたかった。「精華ってこんなふうにすごいんだよ！」といつもケンカしているオータやアリサ、部員のみんなに語りたかった。

満員のホールの中でヒナタはポツンと腰《こし》かけ、開演を待った。

と、ステージの幕が開き、白いブレザーを着た精華の部員たちの演奏が始まった。

ヒナタは最初の曲の1音目から圧倒《あっとう》された。いや、最後まで圧倒されっぱなしだった。すさまじい音圧、音の出《アタック》だしの美しさ、演奏のきらびやかさ、ほとばしる情熱、ピタリとそろったステージマーチング……。すべてが一流だった。

（吹奏楽でこんなに感動させられるなんて。思い切って九州まで来てよかった！

今年の10月、絶対に全国大会で精華と同じステージに立とう）

そう心に誓《ちか》って、ヒナタは福岡を後にしたのだった。

「一心不乱」の旗に見守られながら…

　ヒナタが札幌に帰ってから2週間も経たない2月26日、北海道知事から道内の小・中学校に臨時休校と部活停止の要請《ようせい》が出された。★北海道では全国で最も多いコロナ患者《かんじゃ》が発生していたためだ。翌27日になると、今度は総理大臣から全国の小・中・高校・特別支援学校に対し、3月2日から春休み期間までの臨時休校要請が出された。さらに28日には北海道知事が「緊急事態宣言《きんきゅうじたいせんげん》」を発出し、週末の外出自粛《じしゅく》などを要請する事態となった。

　これに伴《ともな》い、札幌白石高校吹奏楽部もしばらく休部となった。

　普段《ふだん》であれば国内や海外からの観光客で賑《にぎ》わう札幌市内の観光地やすすきのは閑《かん》散《さん》とし、道内ではシーズン中にもかかわらず営業を取りやめたスキー場もあった。

　白石は全国大会に向かって進む道の途中《とちゅう》で立ち往生した形になったが、まだアリサには深刻さがなかった。

「きっとコロナは少しずつ収まっていくだろうし、4月になったら学校や部活も始

★北海道では全国で最も多いコロナ患者が発生
2020年2月25日に1日の感染者数で北海道（35人）が東京都（32人）を上回り、全国最多に。北海道が東京都を上回る状況は3月23日まで続いた。

まるから、それまでは長いお休みだと考えることにしよう」

朝いちばんで音楽室に行って朝練をすることもなくなり、アリサはゆっくり眠《ねむ》って、日中ものんびり過ごした。いずれいつもの日常が戻ってくると思っていた。

ところが、春休み後も臨時休校は延長され、部活は再開できない状態が続いた。

アリサたち六役はときどきグループメッセージで連絡《れんらく》を取り合っていた。話す内容はそれぞれの近況《きんきょう》や、新入部員の募集《ぼしゅう》をどうするかといったことだった。吹奏楽部全体でオンラインミーティングをするといったことはなかったため、他の部員たちが何をし、何を考えているのかがまったくわからなかった。

アリサは六役でメッセージをやり取りしているときにも、「みんな、テンションが下がってきてるな」と感じた。だとしたら、他の部員たちはもっと落ちているかもしれない。特に、同期が何を思っているのかが気になった。

「部活が再開されたとき、ちゃんと私はみんなを引っ張っていけるのかな。みんなはついいてきてくれるかな……」

アリサは1日も早く部活が再開されることを望みながら、同時に部員たちに会うのが怖《こわ》かった。

そして、他の学校が動画共有サイトで公開しているリモート合奏を眺めたりしながらうつろな日々を過ごした。

6月。アリサは朝7時に登校し、音楽室にやってくるとガラス窓をすべて開けて回った。北海道には梅雨がない。空は青く、澄《す》んだ風が音楽室に吹き込んできた。以前であれば、それは単なる換気《かんき》に過ぎなかったが、いまでは感染症対策《かんせんしょうたいさく》という意味が付け加わっていた。アリサの顔にも、以前はなかったマスクが着けられていた。音楽室に入る前には、入り口にある消毒液を両手に揉《も》み込んだ。

音楽室は以前と変わらないのに、たくさんのことが決定的に変わってしまった。

6月の風は、音楽室の壁に貼り付けられた二つの言葉を揺らした。

「一心不乱」

「心に響く世界に一つだけのサウンドを全国大会で」

アリサは泣きたくなるのをグッとこらえた。

休校期間中の5月10日に吹奏楽コンクールの中止が発表された。その時点で自分たちのスローガンが達成されることは100パーセントなくなった。

夢、あこがれ、名門の復活……。部員たちがいろいろな思いを込めて目指していた全国大会は、挑戦《ちょうせん》すらできないままに消えてなくなってしまった。

スローガンの「全国大会」の文字があまりに虚《むな》しかった。

「コンクールに向けて必死に練習したり、うまく演奏できなくて悩《なや》んだり、緊張しながらステージで演奏したり、みんなではしゃぎながら記念撮影《さつえい》をしたり……。もうそんなことは永遠にないんだ」

アリサ自身、高1でファゴットにコンバートされてからずっと努力を重ねてきたことも、悔しさを乗り越《こ》えてきたことも、部長に選ばれてから自分なりにがんばってきたことも、すべてが意味のないことだったように思えた。

アリサは部活が再開された日の部員たちの表情が忘れられない。

「久しぶり〜」

「元気だった？」

「コロナ太りしたんじゃない？」

みんなはそんなふうに声を掛け合いながら嬉《うれ》しそうにしていたが、その笑顔はどこか薄《うす》っぺらかったし、声にも張りがなかった。何よりも「がんばって部活をやっていこう」という意欲が感じられなかった。

誰もが横断幕の「全国大会」の文字を見て見ぬふりをしていた。あまりにも残酷《ざんこく》な現実を思い出したくなかったのだ。

コンクールだけではない。6月21日を予定していた定期演奏会は7月25日に変更《へんこう》され、さらに9月19日に延期された。誰も口にはしないが、さらなる延期や中止があるのではないかと思っていた。

それ以外にも、8月に高知で開催《かいさい》される全国高等学校総合文化祭★に出場予定だったのが、各校の演奏動画を公開するオンライン開催に変更。地元の北海道日本ハムファイターズの応援演奏《おうえんえんそう》は中止。東京オリンピックに関連した依頼演奏《いらいえんそう》も、オリンピックが2021年に延期されたことで中止となった。

新入部員は31人も入ってきてくれたけれど、それによって部が上向きになることもなかった。

もはや部長のアリサでさえ、何のために部活をやっているのかわからなくなりつつあった。

★**全国高等学校総合文化祭**
通称「総文祭《そうぶんさい》」。毎年、各都道府県から代表が集まって開催される高校の文化の祭典。「文化部のインターハイ」とも呼ばれている。

コロナ前から吹奏楽部の活動時間は、教員の働き方改革もあって朝・昼・放課後の合計で1日2時間まで、土日は4時間程度、週1日は休みとされていた。全国大会を目指す部活としてはかなり厳しい。

そこにコロナが追い討ちをかけた。頻繁《ひんぱん》な手指の消毒や手洗い、換気といった対策が短い練習時間を削《けず》り取り、ソーシャルディスタンスを保つために個人練習が中心となった。木管、金管といった単位での分奏すらなかなかできず、合奏に至っては体育館でしか許されなかった。体育館が使えるのは、運動部が使用していないごくわずかな時間のみだ。音楽室で少人数で基礎合奏《きそがっそう》をするときなどは、鈴木先生と部員たちの間には飛沫《ひまつ》を防ぐビニールシートが立てられた。

札幌白石高校吹奏楽部には、感染を防ぐためのディスタンスによって、部員同士の心のディスタンスが生まれてしまった。

六役ですら同じだった。以前なら思っていることは言い合っていたのに、お互いが何を考えているかもわからない状態になっていた。

アリサは意を決して副部長のヒナタとハルヤを呼び、こう言った。

「とにかく、何でも言ってみて。このまま部活を続けていっても、良いことは何もないと思うから」

するとと、ヒナタは切実な表情をして言った。

「私はまだコンクールがなくなったことが納得できてない。だって、コンクールのためにつらい練習を乗り越《こ》えてきたんだし、全国大会に出てみんなに白石サウンドを届けて、みんなに笑顔になってもらいたいってがんばってきたのに！」

「うん、私も同じ」とアリサは答えた。

すると、ハルヤが言った。

「アリサもわかってると思うけど、いま3年はバラバラの状態になってる。3年が迷走してるから、後輩たちもどうしていいかわからなくなってると思う」

「うん。じゃあ、3年生みんなで話し合うしかないね……」

アリサは「一心不乱」の旗を見ながらため息をついた。

夏休み前、3年生だけを集めてミーティングが行われた。23人が輪になって音楽室の床《ゆか》に座った。

「部活に対してみんながどう思っているのか、どうしていきたいのかを正直に話してください」

アリサがそう呼びかけた。

3年生からは次々に意見が出てきたが、その方向性は真っ二つに分かれていた。

一方は、早期引退を望んでいる部員たちだ。

「コンクールもなくなったし、本番はゼロだし、もう引退でいいんじゃない？」

「他の部活はみんな引退してるよ。私たちも受験に専念したほうがいいと思う」

「はっきり言って、部活をがんばろうっていう気持ちが湧いてこない」

もう一方は、部活の継続《けいぞく》を望んでいた。

「いままでがんばってきたのに、コロナに負けて、中途半端《ちゅうとはんぱ》なまま引退しちゃっていいの？」

「私は高校生活をかけてきた部活を全《まっと》うしたい。私たちの代を空白にしたくない」

「吹部はコンクールだけを目標にしていたわけじゃない。コロナで大変なことも多いけど、白石サウンドを響かせていこうよ！」

みんなの意見を聞いていたアリサが立ち上がり、こう語りかけた。

「先が見えない状況《じょうきょう》が続いていて、みんなも不安だと思う。コンクールも、いろんな予定もなくなって、やる気がなくなるのも当然だよね。でも、定期演奏会は2度延期されたけど、いまのところ9月19日にKitara《キタラ》で開催されることになってるんだよ。私はその日、同期のみんなと一緒にステージに立ちたい。それに、3学年全員で演奏するのも、これが最初で最後……。私たちのこの思いを定期演奏会にぶつけたい」

　すると、学生指揮者のルルカも立ち上がった。

「定期演奏会をみんなで成功させて、すっきり引退しようよ。私は、コンクールで演奏するはずだった《吹奏楽のための協奏曲》を全国大会金賞レベルまで高めたい。そのためには残された時間が少なすぎるから、すぐにでも練習したいくらい！」

　金管リーダーのオータも立ち上がった。

「僕たちがここにいたってこと、コロナの中でもがきながら吹奏楽してたってことを、音楽で刻みつけよう。僕たちは『空白の代』じゃないんだ」

　その言葉を受けて、再びアリサは言った。

「オータの言うとおり私たちは『空白の代』じゃないし、『かわいそうな代』とも思われたくない。全力で音楽を楽しみ、聴く人を全力で楽しませたい。だから、みんなで最高の《協奏曲》、最高の白石サウンドを定期演奏会で響かせよう！」

分裂《ぶんれつ》しそうになっていた3年生の心は、アリサたちの前向きな発言によって再び一つにまとまっていった。

「私も定期演奏会はやりたい」

「せっかくなら、最高に盛り上げて、華々《はなばな》しく終わりたいね！」

みんなは口々にそう言い、笑みを浮かべた。と、一人の部員がアリサに言った。

「ねえ、『心に響く世界に一つだけのサウンドを全国大会で』っていうスローガン、変えたほうがいいんじゃない？　目標は全国大会じゃなくなったんだし」

全員が壁に貼り付けられた横断幕に目を向けた。

アリサはきっぱりと答えた。

「スローガンは変えないでいこう。代替《だいが》わりにこのスローガンを決めたときの私たちの気持ち、コロナ前までがんばっていたことを、私は大切にしたい」

副部長のヒナタが立ち上がり、こう呼びかけた。

「定期演奏会の《協奏曲》を、私たちの全国大会にしよう！」

全員が笑顔でうなずいた。

3年生のミーティングの翌日から、白石は本格的に再始動した。

限られた時間と環境《かんきょう》の中、難曲《吹奏楽のための協奏曲》とそれ以外に定期演奏会のプログラムに入っている10曲の練習が続いた。

途中、定期演奏会の詳細《しょうさい》が鈴木先生から部員たちに伝えられた。それはいつもの定期演奏会とは大きく違うものだった。

まず、客席は保護者と関係者のみで、一般客《いっぱんきゃく》は入れない。その代わり、演奏を録画し、動画共有サイトで公開する。ホールの規定で奏者同士は1・5メートルのディスタンスをとる。また、ステージ上で演奏できる人数が制限されているため、木管楽器・打楽器・コントラバス★・チューバはステージで、残りの金管楽器はステージ後方の客席で演奏することになる。

部員たちは、関係者のみ入場ということもショックだったが、ステージと客席に分かれて演奏するということに驚いた。

「それって……演奏が成り立つのかな？」

不安の声が上がった。

そこで、音楽三役の学生指揮者のルルカ、木管リーダーのミオ、金管リーダーの

★コントラバス
吹奏楽で唯一《ゆいいつ》の弦楽器《げんがっき》で、低音域を担当。

オータが話し合い、定期演奏会の演奏環境を踏まえた練習の指針を策定。音楽室の黒板に張り出した。これにより、部員たちは練習の方向性を定めることができた。札幌白石高校吹奏楽部は3年生のラストステージに向かって全力で練習を重ねていった。

音楽室の壁では「一心不乱」の旗が静かに揺れていた。

ディスタンスを越《こ》えて

9月19日、札幌白石高校吹奏楽部第37回定期演奏会の当日。

本番を控《ひか》えた部員たちは、赤ブレに白いズボンやスカートを身につけ、マスクをして札幌コンサートホールＫｉｔａｒａ《キタラ》のロビーに集まっていた。大切な本番の前の伝統の儀式《ぎしき》を行うためだ。

全部員と顧問の先生たちが輪になり、円陣《えんじん》を組んだ。髪《かみ》をポニーテールにした部長のアリサは輪の中に入り、一人ひとりに「よろしくお願いします」と言いながらキャンディーのミルキー★を配っていった。

（本当ならこれを全国大会でやるはずだったのに……）

ふとそんな思いがアリサの脳裏をかすめたが、すぐに振り払《はら》った。

アリサは円陣の中央に立つと、ミルキーを握《にぎ》り締めた拳《こぶし》を高く突き上げた。周囲にいる部員たちも拳を挙げた。

アリサが大きな声で語った。

★ミルキー
不二家から発売されているミルク味のソフトキャンディ。なぜ札幌白石高校で円陣《えんじん》のときにミルキーを配るのかは、OBでもある鈴《すず》木《き》先生にもわからないという。

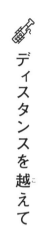

「今年は本当に大変なことばっかりで、特に3年生は悔しい思いをたくさんしてきました。でも、今日、こうしてみんなで定期演奏会を迎《むか》えることができました。私たちの努力もありますが、先生方やたくさんの方たちの支えがあったからこそです。感謝の気持ちを持って定期演奏会を成功させましょう！」

六役のみんな、同期の仲間たち、後輩、先生……。アリサはマスクをした全員の顔を見回しながら胸が苦しくなった。

この定期演奏会が、吹奏楽部全体で参加する最初で最後のステージだ。コロナさえなければ、どれだけみんなでステージに乗れただろう。どんなに熱い活動ができて、どんな話をして、どんなドラマが生まれていただろう。何回この円陣ができただろう。

コロナさえなければ……。

アリサの挨拶《あいさつ》が終わり、部員たちは拳を下げてミルキーをポケットにしまった。

アリサも輪の中に加わり、全員が肩《かた》を組んでつながった。

アリサは大きく息を吸い、声を上げた。

「心に響く――！」

続けて、全員が声をそろえて叫《さけ》んだ。

「世界に一つだけのサウンドを全国大会で！」

「がんばるぞ！」

アリサの声に応じて、全員が同時にドンッと右足を一歩前に踏み出した。

「オーッ！」

全部員78人の声がロビーにこだました。


午後4時、北海道札幌白石高校吹奏楽部の第37回定期演奏会が始まった。

ファゴットを持ったアリサは部員たちとともにステージに出ていった。すぐに気づいたことがあった。拍手《はくしゅ》が遠い。客席前方は空席で、後方にいる保護者や関係者が一生懸命《いっしょうけんめい》手を叩《たた》いてくれていた。例年は満員だっただけに、アリサは寂《さび》しさを感じずにはいられなかった。

だが、前方の空席は人物のイラストやメッセージボードで飾《かざ》り付けられ、ガランとした感じは軽減されていた。また、ホール内の壁《かべ》などにもたくさんの飾《かざ》り付けが施《ほどこ》されていた。「少しでも寂しくないように」と保護者がやってくれたことだった。

いつも音楽室にあった「一心不乱」の旗も飾られていた。そして、ステージの真正面に吊《つ》り下げられていたのは「心に響く世界に一つだけのサウンドを全国大会で」の横断幕だった。部員たちの間に感動が広がっていった。

（本当に苦しい1年だったけど、こんなにもたくさんの愛情に私たちは見守られ、支えられてきたんだな……）

演奏が始まる前、アリサは後ろを振り返ってみた。客席にいるヒナタやオータたちの姿が見えた。後方の座席は予想していたよりもずっと高く、遠かった。

（やっぱり全員で同じステージに乗りたかったな。みんなを近くに感じて、しっかりとテンポやハーモニーをそろえながら演奏したかった。こんなに金管と離れていたら、きっとうまくいかないところもたくさん出てくると思う。でも、できなくなってしまったことを嘆《なげ》くより、いまできることを「一心不乱」にやろう！）

指揮者の鈴木先生が登場し、指揮台に上がった。アリサはファゴットを構え、先生を見つめながらリードを唇《くちびる》で挟《はさ》んだ。

定期演奏会の第1部は《『キャンディード』序曲《じょきょく》》★から始まり、《陽《ひ》はまた昇《のぼ》る》★

★《『キャンディード』序《じょ》曲《きょく》》
レナード・バーンスタイン作曲。もともとは管弦楽曲《かんげんがっきょく》。

★《陽《ひ》はまた昇《のぼ》る》
イギリスの作曲家、フィリップ・スパークが作曲。もともと《カンティレーナ》というブラスバンド用の曲だったが、東日本大震災《ひがしにほんだいしんさい》の際に被災者《ひさいしゃ》を元気づけるために吹奏楽に編曲し、曲名を「陽《ひ》はまた昇《のぼ》る」とした。

● 定期演奏会前、全員がミルキーを握り締めた拳を高く挙げる中、アリサ(手前)が挨拶をした

● 部員たちを勇気づけようと保護者を中心にホールを飾り付けた。特大のスローガンが目を引く

★《海《うみ》を越《こ》える握手《あくしゅ》》と進んだ。
そして、第1部の最後の曲が、コンクールの自由曲だったはずの《吹奏楽のための協奏曲》だった。

（いよいよだ！）

アリサ、ハルヤ、ヒナタ、ルルカ、オータ、ミオの六役の思いが一気に高まった。ほかの3年生たちも気合いが入っていた。

自然とみんなの目が「心に響く世界に一つだけのサウンドを全国大会で」の横断幕へ向く。

（これが私たちの全国大会だよ！）

アリサが心の中でみんなに呼びかけたとき、鈴木《すずき》先生が指揮台に上がった。

後ろの客席でトランペットやトロンボーンの勇壮《ゆうそう》なファンファーレが轟《とどろ》き、《吹奏楽のための協奏曲》が始まった。

野球部出身の副部長、ハルヤはいまや立派なチューバ奏者に成長し、安定した低音で曲を支えていた。演奏をしながら、高1のころに本気で退部を考えていたことを思い出した。

★《海《うみ》を越《こ》える握手《あくしゅ》》
「マーチ王」と呼ばれ、《星条旗《せいじょうき》よ永遠《えいえん》なれ》《ワシントン・ポスト》などマーチの名曲を多数生み出したジョン・フィリップ・スーザの曲。

（あのとき、やめなくてよかったな。最後の1年はいろいろあったけど、おかげで同期との絆《きずな》が深まった気がする。先生が言っていた「吹部でしか味わえない楽しいこと」っていうのはこのことだったのかもしれない）

そう考えると、ステージでの演奏が俄然《がぜん》楽しくなってきた。

もう一人の副部長、ヒナタは後方の座席でユーフォニアムを吹いていた。やはり演奏はしづらかった。ステージ前方にいるフルートやクラリネットの音は聞き取りづらかったし、保護者たちがいる客席にちゃんと一つの音楽として届いているのか不安になった。

（でも、こんな高い位置で演奏する機会なんて二度とないだろうし、ここから見える景色が私たち金管にとっての今年の思い出になるんだなぁ）

あこがれの精華女子高校と一緒に全国大会に出るという夢はかなわなかったが、その代わりに貴重な経験ができた気がした。

金管リーダーのオータは、ヒナタの斜《なな》め後方でトロンボーンを吹いていた。体を前後に揺らしながらユーフォニアムを吹《ふ》いているヒナタが目に入った。何度もケンカをした仲だが、定期演奏会が近づくにつれてお互いに演奏や後輩への指導について相談しあったりするようになった。

（なんだかんだ言って、僕らは目指している方向は一緒だった。今日は力を合わせて金管の音をまとめ、ステージにいるみんなとつなぎ合わせていこう！）

オータはトロンボーンを吹《ふ》きながら、ヒナタの後ろ姿にそう語りかけた。

学生指揮者で、ソプラノサックスとアルトサックスを担当するルルカは焦《あせ》っていた。１・５メートルというディスタンスは想像していた以上に遠く、周囲の様子や音を確認しながら発音《アタック》のタイミングやハーモニーを合わせるのが困難だった。

（後ろの金管も気になるけど、もうみんなを信じて吹くしかない！）

ルルカはサックスの音や体の動きを使って、周囲の部員たちを引っ張った。

木管リーダーのミオは、指揮する鈴木先生のすぐ前でピッコロとフルートを持ち替《か》えながら演奏していた。

（もう一度、全国大会のステージに立てなかったのは本当に悔しい。でも、世界中が大変なことになったこの年に、定期演奏会ができるだけでも恵《めぐ》まれてるんだ）

ミオは謙虚《けんきょ》にそう思い、美しいフルートの音色で演奏に貢献《こうけん》した。

そして、部長のアリサはちょうどステージの中央付近でファゴットを吹いていた。

● ステージと後方の客席に分かれながらも、鈴木先生の指揮で一体感のある演奏を響かせた

● 赤ブレに白いスカートという伝統のステージ衣装を身につけ、ファゴットを吹くアリサ

《吹奏楽のための協奏曲》を演奏しながら、何度泣きそうになったかわからない。3年間の思い、この1年の思いが複雑に動き回る音符《おんぷ》とともにアリサの心の中を駆《か》け巡った。

（部長として私がやってきたこと、選択《せんたく》してきたことは正しかったのかな）

そんな自分自身への問いに、アリサはイエスともノーとも答えられなかった。自信を持って言えるのは、「一心不乱」にやってきたということだ。

（曲が終わるまであと少し……最後まで「一心不乱」を貫《つらぬ》こう！）

鈴木先生の指揮に合わせ、精いっぱいにファゴットを吹《ふ》く。みんなの存在が感じられた。こんなに離《はな》れていても、みんなの音と心が一つにまとまっていく――。

白石の演奏がディスタンスを越《こ》えた。そのとき、先生が指揮棒をぐるっと回転させ、《吹奏楽のための協奏曲》が終わった。

先生の合図で部員たちは立ち上がった。アリサは目を潤《うる》ませながらも胸を張って直立していた。泣いている部員もいれば、笑顔になっている部員もいた。

客席から拍手《はくしゅ》が聞こえてきた。いままでもらった中でもっとも温かい拍手だった。

エピローグ　アリサの独白《モノローグ》

定期演奏会が終わり、私の部長としての役目も終わりました。

定期演奏会では、アンコールも含《ふく》めて11曲を演奏。大きな事故もなく、無事成功したと言ってもいいと思います。コロナ禍《か》では上出来と言ってもいいでしょう。

吹奏楽部を引退し、朝いちばんに音楽室へ行くことも、放課後に合奏することもなくなりました。部活のない毎日はとても穏《おだ》やかです。そして、寂しいです。

お風呂《ふろ》に入っているときなどに、私は無意識のうちに考えてしまいます。

「最後にコンクールに挑戦できなかったことは一生引きずるなぁ」

定期演奏会で演奏した《吹奏楽のための協奏曲》は、あとで動画共有サイトに公開されているものを見ると、厳しい条件だったにもかかわらず良い演奏になっていました。私にとって《協奏曲》はいちばん思い出深く、いちばん好きな曲です。

そして、いちばん悲しい曲です。

引退した後でも、《協奏曲》を聴くと自然に涙が出てきてしまいます。

「白石で吹奏楽部に入るべきだった？」と私は自分の心に問いかけました。

私も普通の女子高生なので、放課後は部活をしないで遊びたいと思ったことはありました。吹奏楽部の部則は厳しくて、制服もきちんと着ないといけないのですが、着崩《きくず》した姿で街へ行ったら楽しいだろうなとも思いました。

そんな生活を送っていたら、コロナでこれほど悲しまなかったかもしれません。でも、私は断言します。もし高校生活を一からやり直せるとしても、やっぱり私は札幌白石高校吹奏楽部に入ります。それは――同期の存在があるからです。

家族より長い時間を一緒にすごして、ケンカもいっぱいしました。私のきれいな面だけでなく、嫌《いや》なところもすべて見せました。私は欠点だらけの人間ですが、そんな私をみんなは丸ごと受け入れてくれました。私もみんなを受け入れました。

コロナ禍になり、気持ちがバラバラになりかけたこともありました。でも、最終的には私たちの心にディスタンスはありませんでした。

そんな仲間たちと出会えたからこそ、これから先の人生も私は迷わず進んでいけると思うのです。

音楽で結ばれた友情とともに、どこまでも「一心不乱」に！

あとがき　箱の中に残ったものは……

本書に登場する5つの高校の吹奏楽部員《すいそうがくぶいん》たちは、コロナ禍《か》がもたらす先の見えない不安の中、ときにはへこたれそうになりながらも、先生や仲間たちとともに未来を信じて活動を続けました。すると、あたかもギリシャ神話の「パンドラの箱」の物語のように、吹奏楽部員たちが開けた箱の中には最後に「希望」が残っていたのです。手に入れた「希望」は、ずっと求めていた夢や目標とは違《ちが》った形でしたが、心の中に一生残り続ける宝物となることでしょう。

本書を執筆《しっぴつ》している現在も、コロナ禍《か》に終わりは見えません。コロナが過ぎ去っても、きっとまた別の災厄《さいやく》が我々に降りかかってくることでしょう。あるいは、日常の中で「もう自分はダメだ」と心折れそうになることもあるでしょう。そんなとき、本書が読者の皆《みな》さんにとって「パンドラの箱の中の希望」となることを願っています。最後に、ご協力いただいたすべての学校に心から感謝を申し上げます。

吹奏楽作家・オザワ部長

著　オザワ部長《おざわぶちょう》
神奈川県横須賀市生まれ。早稲田大学第一文学部文学科文芸専修卒。芥川賞作家・三田誠広に師事。現在、「世界でただ一人の吹奏楽作家」として活動中。主著に『吹部ノート』（KKベストセラーズ）。

イラスト　h・i・k・o《ひこ》
兵庫県出身。東京在住。独学でイラストを学び、会社員生活の傍ら装画を中心にイラストレーターとしても活動中。

協力
京都橘高等学校
東海大学付属高輪台高等学校
水戸女子高等学校
山形県立鶴岡工業高等学校
北海道札幌白石高等学校

吹奏楽部バンザイ!!　コロナに負けない

2021年9月13日　第1刷発行
2023年9月19日　第3刷

著　者　オザワ部長
イラスト　hiko
発行者　千葉均
編　集　崎山貴弘
発行所　株式会社ポプラ社
〒102-8519 東京都千代田区麹町4-2-6
一般書ホームページ　www.webasta.jp
装　丁　bookwall
校閲・校正　株式会社鷗来堂
印刷・製本　中央精版印刷株式会社

JASRAC 出 2106327-303

N.D.C.916/255P/19cm/ISBN978-4-591-17074-8

P8008346